TSCHUANG-TSE

DICHTUNG UND WEISHEIT

Aus dem

chinesischen Urtext übersetzt

von Hans O. H. Stange

INSEL VERLAG

Insel-Bücherei Nr. 499

Erste Auflage 1936

Insel Verlag Frankfurt am Main und Leipzig
Druck: Nomos Verlagsgesellschaft, Baden-Baden
Printed in Germany
ISBN 3-458-08499-1

8 9 10 11 12 13 - 07 06 05 04 03 02

DICHTUNG UND WEISHEIT

GLEICHNISSE

Gleichnisse sind meine Reden zumeist
und Worte, vor mir von anderen geprägt.
Der Becher, der täglich zum Trunke kreist,
doch den Abglanz des Ewigen in sich trägt.

Der weitaus größte Teil meiner Reden sind Gleichnisse, das heißt, ich bediene mich äußerer Bilder in meinen Erörterungen. So wie der eigene Vater nicht gern selbst den Werber macht für seinen Sohn. Denn es ist besser, wenn der Sohn von einem andern gelobt wird als von seinem eigenen Vater. Daß ich so reden muß, ist aber nicht meine Schuld, sondern Schuld der anderen.

Denn jeder stimmt nur dem gern zu, was mit seiner eigenen Ansicht übereinstimmt, und widerspricht dem, was seiner eigenen Ansicht widerspricht, und hält nur das für wahr, was seiner eigenen Ansicht entspricht, und das für falsch, was seiner eigenen Ansicht widerspricht.

Darum benutze ich meistens Worte, die vor mir von anderen fest geprägt sind, um so dem Streit um Worte ein Ende zu machen, weil jene als Autoritäten verehrt werden. Wer aber nur den Jahren nach vor mir ist, aber nicht das ganze Wissen hat, der ist nun, nur weil er älter ist, noch lange keine Autorität. Denn ein Mensch, der nichts hat, worin er andern voraus ist, der besitzt auch nicht das Tao des Menschen, und wer nicht das Tao des Menschen besitzt, der ist weiter nichts als alt.

Weiter habe ich alltägliche Worte gesprochen, die aber wie ein Becher mit einem Abglanz des Ewigen angefüllt sind. So durchdringen sie das Unendliche und sind selbst unerschöpflich. Denn erst wenn man nicht mehr bloße Worte macht, herrscht völlige Übereinstimmung. Diese Übereinstimmung

wird aber nicht durch bloße Worte erzielt, und bloße Worte treffen die Übereinstimmung doch nie.
Darum sage ich: Bloße Worte sind nutzlos. Wer redet, ohne bloß Worte zu machen, der kann sein Leben lang reden, und doch sind es nicht bloße Worte. Er wird vielmehr nie Worte machen, wohl aber etwas sagen...
Darum haben nur Worte, die wie ein Becher mit dem Abglanz des Ewigen angefüllt sind, ewige Geltung.

DER UNNÜTZE BAUM

Hui-tse sagte zu Tschuang-tse und sprach: »Ich habe einen großen Baum, die Leute nennen ihn ›Stinkbaum‹. Sein Stamm ist so knorrig und verwachsen, daß man ihn nicht mit einem Bandmaß abmessen kann. Seine Zweige sind so krumm und gewunden, daß man sie nicht mit Zirkel und Winkelmaß berechnen kann. Er steht da am Weg, und kein Zimmermann beachtet ihn. So sind nun auch deine Worte, großartig und unnütz, und alle wenden sich einmütig von ihnen ab.«
Tschuang-tse sprach: »Hast du noch nie eine Wildkatze gesehen, wenn sie geduckt ihre Beute beschleicht? Hin und her springt sie von Ast zu Ast und scheut nicht den Sprung in die Tiefe. Bis sie doch einmal in eine Falle gerät oder in einer Schlinge umkommt. Ein Ochse ist dagegen gewaltig wie eine Wolke am Himmel und von mächtiger Kraft, aber Mäuse fangen kann er freilich nicht.
Nun hast du einen großen Baum und bist bekümmert, daß er zu nichts taugt. Warum pflanzt du ihn nicht auf eine öde Heide oder in weite Wildnis? Dann könntest du müßig in seinem Schatten wandeln oder friedlich unter seinen Zweigen schla-

fen. Nicht Beil noch Axt würde ihn fällen und nichts ihm Schaden tun.
Warum soll es ein Grund zum Kummer sein, daß etwas keinen Nutzen bringt?«

DAS ORGELSPIEL DES HIMMELS

Es war einmal ein Meister, der hockte vornübergebeugt und blickte zum Himmel auf. Er atmete, aber er schien entrückt, als habe er die Welt um sich vergessen.
Ein Schüler trat vor ihn und sprach: »Was? Kann man denn wirklich den Leib starr machen wie einen Balken und die Gedanken auslöschen wie tote Asche? Heute siehst du ganz anders aus, als wenn ich dich sonst sitzen sah.«
Der Meister sprach: »Gut, daß du fragst. Ich habe gerade mein Ich begraben. Weißt du, was das heißt? Du hast vielleicht der Menschen Orgelspiel gehört, allein der Erde Orgelspiel noch nicht vernommen. Du hast vielleicht der Erde Orgelspiel gehört, allein des Himmels Orgelspiel noch nicht vernommen.«
Der Schüler sprach: »Darf ich fragen, worin das besteht?«
Der Meister sprach: »Wenn die große Natur ihren Atem ausstößt, dann nennen wir das Wind. Zwar tut sie es jetzt nicht, wenn sie es aber tut, dann dringt ein brummender Ton aus unzähligen Löchern hervor. Hast du noch nie dies Brausen vernommen? Der Bergwälder steile Hänge, uralter Bäume Höhlungen und Löcher, sie sind wie Nasen, Mäuler und Ohren. Die einen sind eckig-spitz, die anderen rund und tief wie Töpfe, andere sind klein und flach wie eine Fußspur in feuchter Erde, wieder andere sind groß und tief wie ein Wasserloch.
Sie zischen und schwirren, sie brüllen und fauchen, sie rufen

und klagen, sie ächzen und stöhnen. Bald klingt es süß und hell, bald klingt es dumpf und tief. Weht sanfter Wind, gibt es nur leisen Widerklang, weht wilder Wind, so gibt es starken Widerklang. Wenn dann der schneidende Wind sich legt, sind alle Löcher leer. Hast du noch nie gesehen, wie alles zittert und bebt?«

Der Schüler sprach: »Der Erde Orgelspiel kommt also nur aus der Vielzahl der Löcher, wie das der Menschen aus den aufgereihten Bambusflöten kommt. Doch darf ich fragen, was ist das Orgelspiel des Himmels?«

Der Meister sprach: »Es bläst in unzählbar verschiedenen Weisen, und niemals sind es die gleichen wieder.

Kommen sie von selbst? Enden sie von selbst? Entstehen sie alle von selbst? Oder wer ist es, der sie erregt? ...«

Mag es einen Schöpfer und Lenker geben, so vermögen wir doch keine sichtbare Spur von ihm zu erfassen. Wir können an ihn glauben, aber sehen können wir seine Gestalt nicht. Er hat Wesen, aber keine Gestalt.

IM LICHTE DER EWIGKEIT

Es gibt auf der Welt nichts, was nicht zu einem anderen in einem Wechselverhältnis stände. Aber nur von einem Teil ausgehend, kann man das nicht erkennen, erst aus dem Wissen von dem anderen kommt diese Erkenntnis.

Darum sage ich, das eine geht aus dem anderen hervor, das eine wird durch das andere bedingt. Das ist die Lehre von der Erzeugung des einen durch das andere. Wenn nun demnach auch Leben und Tod, Möglichkeit und Unmöglichkeit, Bejahung und Verneinung einander bedingen, so folgt doch der Heilige nicht diesem Gedankengange, sondern betrachtet die Dinge im Lichte der Ewigkeit und geht von einem aus. Dann sieht er, das eine ist zugleich auch das andere, und jedes schließt einen Gegensatz in sich. Gibt es aber dann tatsächlich noch den relativen Unterschied oder nicht?

Wo die Gegensätze ihre Aufhebung in der höchsten Synthese finden, da, sagt man, sei die Achse des Tao. Wenn diese Achse im Mittelpunkt ruht und das Unendliche in ihr zusammentrifft, dann gehen Bejahung und Verneinung in einer unendlichen Einheit auf.

Darum sage ich: Nichts kommt der Erleuchtung gleich!

DIE ERKENNTNIS DER ALTEN

Die Erkenntnis der Alten ging bis zu einem äußersten Punkt. Was war dieser? Sie nahmen einen Zeitpunkt an, da das Dasein der Dinge noch nicht begonnen hatte. Damit dürfte wohl in der Tat der äußerste Punkt erreicht sein, über den man nicht hinausgehen kann.

Die nächste Annahme war die Zeitspanne, da es schon Dinge gab, aber noch keine Bedingtheiten. Die nächste, da es schon Bedingtheiten gab, aber noch keine Gegensätze. Durch das Aufkommen von Gegensätzen ging das Tao verloren. Durch Verlorengehen des Tao entstand Begehren. Gibt es aber in Wahrheit dieses Verlorengehen und Entstehen oder nicht? Verlorengehen und Entstehen sind wie verwehter Klang aus alter Zeit, Nichtverlorengehen und Nichtentstehen sind wie die schweigende Stille der Ewigkeit...

SPITZFINDIGKEITEN

Es gab so manche Meister, die es in ihrer Kunst fast zur Vollendung brachten und sich ihr bis ans Ende ihrer Tage widmeten. Sie liebten es, sich vor den anderen hervorzutun, und liebten es, die anderen aufzuklären. Die anderen hatten aber nicht die Klarheit, um aufgeklärt werden zu können. Darum verloren sie sich schließlich in den Irrgängen von Haarspaltereien und Spitzfindigkeiten. Ihre Schüler verstrickten sich in den Gespinsten ihrer Reden und hatten ihr Leben lang überhaupt keinen wirklichen Erfolg. Denn wenn es möglich wäre, dies einen wirklichen Erfolg zu nennen, dann wäre es mir zum Trotz auch ein wirklicher Erfolg. Wenn es aber unmöglich ist, dies einen wirklichen Erfolg zu nennen, dann ist es bei aller Welt so gut wie bei mir auch kein wirklicher Erfolg.

Darum sucht der Berufene nach einem Schimmer des Lichts in Irren und Zweifel und gebraucht nicht Spitzfindigkeiten wie jene, sondern bleibt bei den allgemein anerkannten Begriffen. Das ist der Weg zur Erleuchtung.

MÜSSIGE ERÖRTERUNGEN

Nun gibt es hierüber noch eine Lehre. Ich weiß nicht, ob sie von der gleichen Art ist wie jene vorigen. Aber mag sie von anderer Art sein als jene oder nicht, sie unterscheidet sich nicht von ihnen. Wie dem auch sei, laßt sie mich einmal aussprechen.

Gibt es einen Anfang, so gibt es auch eine Zeit, da dieser Anfang noch nicht war, und wiederum gibt es eine Zeit, da die Zeit, da der Anfang noch nicht war, selbst noch nicht war. Gibt es Sein, so war vorher Nichtsein, vor dem Nichtsein war

das Nochnicht-Nichtsein, und vor dem Nochnicht-Nichtsein war der Nichtanfang des Nochnicht-Nichtseins. Plötzlich ist das Nichtsein da, ohne daß man weiß, ist das Sein des Nichtseins nun Nichtsein oder Sein?
Nun, ich kann schon einfach alles sagen, aber damit ist noch nicht gesagt, ob das, was gesagt ist, auch wirklich etwas aussagt. Zum Beispiel: »Auf der ganzen Welt gibt es nichts Größeres als die Spitze eines Härchens«, und »der höchste Berg ist klein«, »es gibt nichts, das ein längeres Leben hätte als ein totgeborenes Kind«, »der älteste Großvater ist in frühester Kindheit gestorben«, »Himmel und Erde sind mit mir zugleich geschaffen, und alle Dinge sind mit mir eins«, da sie nun schon eins sind, wie kann es noch dafür ein Wort geben, da ich sie aber als eins bezeichne, wie kann es dann nicht ein Wort dafür geben? Eins und das Wort sind zwei, zwei und eins sind drei, und so immer weiter, bis auch der beste Rechner nicht mehr folgen kann, geschweige denn wir anderen alle. Wenn man daher vom Nichtsein auf das Sein geht und schon bei drei ankommt, wohin kommt man dann erst, wenn man vom Sein auf das Sein geht?
Zu *gar nichts* kommt man! Darum Schluß mit diesen Lehren.

GUT UND BÖSE

In alter Zeit fragte ein Schüler seinen Meister: »Weißt du, worin alle Wesen übereinstimmen?«
Der Meister sprach: »Wie sollte ich das wissen?«
»Weißt du, was du nicht weißt?«
Er sprach: »Wie sollte ich das wissen?«
»Dann gibt es also kein objektives Wissen?«

Der Meister sprach: »Wie sollte ich das wissen? Doch will ich einmal versuchen, mit dir darüber zu reden. Woher sollen wir wissen, ob das, was wir Wissen nennen, nicht in Wirklichkeit Nichtwissen ist? Woher sollen wir wissen, ob das, was wir Nichtwissen nennen, nicht in Wirklichkeit Wissen ist? Nun möchte ich dich einmal fragen:

Wenn Menschen an feuchten Orten schlafen, bekommen sie Hüftschmerzen und sind halbtot. Geht es aber Aalen ebenso? Auf Bäumen sind Menschen ängstlich und aufgeregt. Geht es aber Affen ebenso? Welches von diesen drei Wesen weiß nun, welches der richtige Wohnort ist?

Menschen nähren sich von gemästetem Vieh, Hirsche nähren sich von fettem Gras, der Tausendfuß liebt Würmer, und die Eule hat Geschmack an Mäusen. Welches von diesen drei Wesen weiß nun, welches in Wahrheit der richtige Geschmack ist?

Affen paaren sich mit Äffinnen, Hirsche gesellen sich zu Hindinnen, Aale tummeln sich mit ihresgleichen, und klassisch schöne Frauen gelten den Menschen als begehrenswert. Doch wenn Fische sie sehen, tauchen sie in die Tiefe, wenn Vögel sie sehen, fliegen sie hoch hinauf, und wenn Hirsche sie sehen, laufen sie eiligst davon. Welches von diesen vier Wesen weiß nun, was wahre Schönheit auf Erden ist?

So sehe ich auch von mir aus die Bande der Liebe und Pflicht, die Pfade des Guten und Bösen unentwirrbar ineinander verworren. Wie sollte ich dann ihre Unterscheidungen kennen?«

Der Schüler sprach: »Da du nicht Gut und Böse kennst, so kennt gewiß der höchste Mensch wohl auch nicht Gut und Böse?«

Da sprach der Meister: »Der höchste Mensch ist Geist. Wenn die Meere in Flammen aufgingen, könnten sie ihn nicht wärmen, wenn Flüsse und Ströme gefrören, könnten sie ihn nicht kühlen, wenn jäher Blitz die Berge zerrisse und wilder Sturm die Meere aufwühlte, könnten sie ihn doch nicht erschrecken. Einer, der also ist, der fährt auf Wolken und Wind, der reitet auf Sonne und Mond und wandelt jenseits der Welt. Wenn selbst Leben und Tod sein Herz nicht erschüttern, was bedeuten ihm dann die Pfade des Guten und Bösen?«

KLARSTELLUNG DER BEGRIFFE

Wenn ich mit dir mit Worten streite, du mich besiegst und ich dich nicht, hast du dann wirklich recht, hab ich dann wirklich unrecht? Oder auch ich besiege dich und du mich nicht, hab ich dann wirklich recht, hast du dann wirklich unrecht? Hat einer von uns beiden recht und einer unrecht, oder haben beide recht oder beide unrecht? Wir können es nicht wissen, und auch ein Dritter wird uns nicht den Zweifel klären können. Denn wen sollten wir wohl entscheiden lassen? Wenn wir einen, der deiner Meinung ist, entscheiden ließen, wie sollte der entscheiden können, da er doch deiner Meinung ist? Und wenn wir einen, der meiner Meinung ist, entscheiden ließen, wie sollte der entscheiden können, da er doch meiner Meinung ist? Und wenn wir einen entscheiden ließen, der deiner und auch meiner Meinung ist, wie sollte der entscheiden können, da er doch deiner und auch meiner Meinung ist? Und wenn wir schließlich einen entscheiden ließen, der weder deiner noch auch meiner Meinung ist, wie sollte der entscheiden können, da er doch weder deiner noch auch meiner Meinung ist?
Wenn ich und du und auch ein Dritter es nicht wissen können, sollen wir dann etwa noch auf einen anderen warten?
Was heißt denn eigentlich: »Alles zusammenfassen im weiten

Horizont des Ewigen?« Es heißt doch nur Klarstellung der Begriffe: Sein *oder* Nichtsein, Sosein *oder* Nichtsosein! Ist nun das Sein wirklich Sein, dann ist es unterschieden vom Nichtsein, und es gibt gar nichts daran zu bestreiten. Ist nun das Sosein wirklich Sosein, dann ist es unterschieden vom Nichtsosein, und es gibt gar nichts daran zu bestreiten. Von den vergänglichen Klängen des Streites mit Worten aber etwas zu erhoffen, ist gerade so, als wollte man gar nichts erhoffen.
Faßt du aber alles zusammen im weiten Horizont des Ewigen und folgst ihm ins Unendliche, so wird die Zeit dir wesenlos. Wenn du die Zeit vergessen hast, die Meinungen vergessen hast, dann raffe dich empor ins Grenzenlose. Darum nimm nur im Grenzenlosen deine Zuflucht!

DAS LEBEN EIN TRAUM

Die Menschen der Masse sind unablässig bemüht, der Berufene aber ist einfältig und ohne List, er faßt die Jahrtausende in eins zusammen und vollendet die reine Einheit. Alle Wesen bis zum letzten umfaßt er darin.
Wie können wir wissen, ob die Liebe zum Leben nicht Irrtum ist? Wie können wir wissen, ob die Furcht vor dem Tode nicht der Furcht des Knaben gleicht, der glaubt, ins Ungewisse, Unbekannte zu gehen, und der nicht weiß, daß er in Wahrheit auf dem Heimweg ist?
Als einst ein Mädchen, Tochter armer Eltern, an den fernen Hof des Königs geholt wurde, weinte es erst bitterlich, und die Tränen netzten sein Gewand. Als es dann aber im Palast des Königs war und mit dem Könige das weiche Lager teilte, das schwelgerische Mahl an seiner Tafel aß, reuten es seine Tränen bald.

Wie kann ich wissen, ob nicht die Toten auch bereuen, daß sie mit allen Fasern einst am Leben hingen?
Wohl mancher träumt von frohem Gelage und erwacht am Morgen zu Tränen und Klage. Im Traum mag mancher weinen und klagen und erwacht am Morgen zu fröhlichem Jagen. Im Traume ahnt er nicht, daß es ein Traum ist, und doch sucht er im Traum den Traum zu deuten! Erst im Erwachen merkt er, daß er nur geträumt hat. So mag vielleicht einmal ein großes Erwachen kommen, und dann erst werden wir wissen, daß dieses Leben nur ein Traum war. Die Toren aber glauben zu wachen und bilden sich in ihrer Beschränktheit ein, sicher zu wissen, ob sie in Wahrheit Fürsten oder Knechte sind.
Auch du bist ein Träumender, daß ich dich einen Träumenden nenne, ist auch nur Traum. Solche Worte nennt man die tiefsten Rätsel. Wenn wir aber nach zehntausend Geschlechtern einmal einem großen Heiligen begegnen, der sie uns aufzulösen vermag, so ist uns, als seien wir ihm zwischen Abend und Morgen begegnet.

DER SCHMETTERLINGSTRAUM

Einst träumte mir, Tschuang Tschou, ich sei ein Schmetterling. Ein schwebender Schmetterling, der sich wohl und wunschlos fühlte und nichts wußte von Tschuang Tschou.
Plötzlich erwachte ich und merkte, daß ich wieder Tschuang Tschou war. Nun weiß ich nicht, bin ich Tschuang Tschou, dem träumte, ein Schmetterling zu sein, oder bin ich ein Schmetterling, dem träumt, er sei Tschuang Tschou.
Und doch ist sicherlich zwischen Tschuang Tschou und dem Schmetterling ein Unterschied, denn gerade diesen nennen wir ja Wandlung der Substanz zu Einzelwesen.

Es war einmal ein Koch, der für seinen fürstlichen Herrn einen Ochsen zerlegte. In der Bewegung seiner Hand und Schulter, seines Knies und Fußes lag Takt und Rhythmus. Der Klang der Messerklinge war wie ein Gesang von strenger und gemessener Melodie.

Bewundernd sprach der Fürst: »Das lob ich mir! Das nenne ich vollendete Geschicklichkeit!«

Da ließ der Koch das Messer aus der Hand und sprach: »Dein Diener liebt das Tao, das ist noch mehr als die vollendetste Geschicklichkeit. Seit ich begann, den ersten Ochsen zu zerlegen, sah ich nur immer weiter nichts als Ochsen. Nach drei Jahren aber kannte ich von bloßem Augenschein den ganzen Ochsen doch noch nicht. Jetzt aber gehe ich mit dem Geist daran und nicht mehr mit dem Auge. Vom Wissen durch die Sinne laß ich ab und folge nur den Regungen des Geistes. Ich halte mich an die Gesetze der Natur. Mein Messer trennt die großen Nähte und gleitet durch die großen Spalten seinen natürlichen Weg entlang. Mit bloßer Geschicklichkeit allein ist es noch nicht einmal getan, Fleisch von den Knochen abzutrennen, noch weniger Knochen von Knochen.

Ein guter Koch wechselt das Messer alle Jahre, weil er schneidet. Ein ganz gewöhnlicher Koch wechselt das Messer jeden Monat, weil er hackt. Ich habe mein Messer nun schon neunzehn Jahre und schon viele tausend Ochsen damit zerlegt, und doch ist seine Schneide noch so scharf, als sei sie eben frisch geschliffen.

Nun haben die Gelenke feine Zwischenräume, des Messers Schneide hat dagegen keine Dicke. Was aber keine Dicke hat, dringt in die feinsten Zwischenräume ein. Und darum ist des

Messers Schneide nach neunzehn Jahren noch so scharf, als sei sie eben frisch geschliffen.
Und dennoch immer, wenn ich an Gelenke komme, sehe ich alle Schwierigkeiten. Vorsichtig gebe ich acht, mein Blick ist unbeirrt, und meine Handbewegungen sind ruhig. Ein wenig nur bewege ich das Messer noch, und schon ist knirschend das Gelenk gelöst, zu Boden fällt es wie ein Klumpen Erde.
Dann richte ich mich auf, das Messer in der Hand, blicke mich nach allen Seiten um, wische bedächtig und zufrieden das Messer ab und stecke es wieder in die Scheide.«
Da sprach der Fürst: »Das lob ich mir! Ich habe die Worte eines Kochs gehört und natürliche Lebensweisheit vernommen.«

DIE TOTENKLAGE

Altmeister Lao-tse war gestorben. Jemand ging hin, ihn zu beklagen. Er klagte dreimal laut und ging dann wieder.
Die Jünger fragten ihn: »Warst du denn nicht des Meisters Freund?« Jener sprach: »Ja.«
»Gehört es sich dann, so zu klagen?«
»Ja,« sagte jener, »anfangs glaubte ich, daß er ein wahrer Mensch gewesen sei, nun bin ich anderer Meinung. Als ich vorhin hineinging, um ihn zu beklagen, weinten um ihn die Alten, als weinten sie um ihren eignen Sohn, die Jungen weinten, als weinten sie um ihre eigne Mutter. Um ihre Herzen so an sich zu binden, hat er gewißlich inniger gesprochen und bitterer geweint, als es die Liebe forderte. So hat er gegen die Natur gehandelt und die Gefühle übertrieben, die Schranken der Gaben der Natur vergessen. Die Alten sprachen dann: ›Es rächt sich die Natur an dem, der ihr zuwiderhandelt.‹

Der Meister kam von ungefähr in diese Welt, als seine Zeit gekommen war, er ging von ungefähr, als seine Zeit vergangen war. Wer seine Zeit zufrieden nimmt und sich in das Vergehen schickt, den können Freuden nicht noch Schmerzen treffen. Das nannten schon die Alten: Abhängigkeit von Gott, der alle Bande löst.

Mag auch das Brennholz vergehen, das Feuer bleibt dennoch erhalten, und niemand weiß, daß es ein Ende nähme.«

HÖCHSTE ERKENNTNIS

Das Höchste ist, erkennen, was himmlisch und was menschlich in uns ist. Zu wissen, was himmlisch in uns ist, ist ein Geschenk des Himmels. Zu wissen, was menschlich in uns ist, heißt, fußend auf dem unserem Wissen Erkennbaren, das Wissen von dem Unbekannten fördern.

Wenn man die Jahre, die der Himmel einem zubestimmt hat, ganz der Erkenntnis weiht und nicht auf halbem Wege eines frühen Todes stirbt, mag man die Fülle der Erkenntnis wohl erreichen.

Doch gerade hier liegt auch der wunde Punkt. Denn wenn ich darauf warte, daß mit den Jahren die Erkenntnis kommt, bleibt doch noch ungewiß, ob mir des Wartens Jahre überhaupt beschieden sind. Wie kann ich dann wohl wissen, ob, was wir himmlisch nennen, nicht menschlich ist, ob, was wir menschlich nennen, nicht himmlisch ist?

Erst wenn ein wahrer Mensch erscheint, wird es auch wahres Wissen geben.

Was heißt: ein wahrer Mensch?

Die wahren Menschen des Altertums scheuten sich nicht, mit ihrer Erkenntnis allein zu bleiben, sie waren nicht stolz auf ihre Taten und schmiedeten keine Pläne. Daher war ihnen Reue bei Fehlschlägen und Selbstgefühl beim Gelingen fremd. So konnten sie furchtlos die höchsten Höhen besteigen. Auch wenn sie durch Wasser gingen, spürten sie keine Nässe, auch wenn sie durch Feuer gingen, fühlten sie keine Glut. So weit vermochte sich ihr Wissen zum Einklang mit dem Tao zu erheben.

Die wahren Menschen des Altertums kannten im Schlafe keine Träume, im Wachen keine Sorgen und beim Essen keine Gier. Ihr Atem ging tief durch den ganzen Körper, während die gewöhnlichen Menschen nur mit der Kehle atmen und ihre Worte gezwungen und krampfhaft hervorstoßen, als müßten sie daran ersticken. Denn je stärker die Leidenschaften in einem Menschen werden, desto schwächer werden die himmlischen Triebe in ihm.

Die wahren Menschen des Altertums kannten keine Lust am Leben, und der Tod war ihnen nicht verhaßt. Sie kamen ohne Lust in diese Welt und gingen ohne Widerstreben. Gelassen kamen sie, gelassen gingen sie. Sie vergaßen nicht ihren Ursprung und forschten nicht nach dem Ende. Sie nahmen das ihnen Bestimmte hin und waren zufrieden damit. So sagen wir von ihnen, daß sie mit keinem Gedanken vom Tao abwichen, und daß sie nicht mit Menschlichem das Himmlische zu stützen suchten. So waren die, die wir die wahren Menschen nennen.

Wer so ist, hat die menschlichen Gedanken überwunden, sein Antlitz bleibt von Leidenschaften unbewegt und seine Stirn von Sorgenfalten ungefurcht. Er ist wohl kühl, doch wie der Herbst so mild, er ist wohl warm, doch wie der Frühling lind. Freude und Schmerz wirken auf ihn nur wie der flüchtigen Jahreszeiten ewiger Wechsel. In allem tut er stets das Angemessene, doch bleibt sein Letztes unerkannt.

So kommt es denn, daß ein Berufener, selbst wenn er mit der Waffen Macht das angestammte Herrscherhaus vernichtet, doch nicht der Menschen Zuneigung verliert. Der Segen seiner Taten mag in Äonen noch nicht untergehen, doch ohne daß er mit Bewußtsein Liebe übt. Darum ist, wer sich gerne in den anderen widerspiegelt, noch kein Berufener, und wer sein Herz an etwas hängt, ist noch nicht wahrhaft gütig, und wer die rechte Zeit verfehlt, nicht weise. Wer nicht erhaben über Glück und Unglück ist, der hat noch nicht den wahren Adel. Wer um des Ruhmes willen sich zum Opfer bringt, ist noch kein wahrer Held. Denn ohne wahren Sinn sein Leben wegzuwerfen, heißt noch nicht, andere führen können.

Die wahren Menschen des Altertums waren in ihrer Haltung hochgesinnt und doch nicht hochmütig, bescheiden, doch nicht unterwürfig, scharf ausgeprägt und doch nicht eigensinnig, großzügig, doch nicht oberflächlich. Ihre zufriedene Gelassenheit schien Fröhlichkeit zu gleichen, denn höhere Fügung nahmen sie als unentrinnbar. Der Reichtum ihres Wesens zieht unsere Blicke an und zeigt uns unsere Unzulänglichkeit. Sie schienen sich streng an die Formen ihrer Zeit zu halten und lebten doch auf von der Sitte unerreichten Höhen. Sie schienen wortkarg und das Schweigen zu lieben und vergaßen doch in ihrer Versunkenheit nur das Reden.

Sie sahen in den Strafgesetzen die Grundpfeiler, in den Geboten der Sitte die tragenden Kräfte für die Gemeinschaft, im Wissen eine nützliche Hilfe und in der Sittlichkeit einen Wegweiser für das irdische Leben.

Wenn sie auch in den Strafgesetzen die Grundpfeiler der Gemeinschaft sahen, waren sie doch großherzig im Strafen. Weil sie in den Geboten der Sitte die tragenden Kräfte der Gemeinschaft sahen, richteten sie ihr irdisches Leben darnach. Im

Wissen sahen sie eine nützliche Hilfe, deshalb sahen sie es als notwendig für alles Tun an. Und in der Sittlichkeit sahen sie einen Wegweiser für das irdische Leben, das heißt, daß sie mit allen Irdischen in allem Irdischen auf den irdischen Hügeln wandeln mußten. Die Menschen aber glaubten wirklich, daß sie mit Fleiß so wandelten.

Darum war Lieben und Nichtlieben ihnen eins, die Welt des Einen und die Welt des Vielgestalten war ihnen eins. In jener Welt des Einen folgten sie dem Himmlischen, in dieser Welt des Vielgestalten folgten sie dem Menschlichen. Den nennen wir den wahren Menschen, in dem sich Himmlisches und Menschliches die ewige Waage halten.

Leben und Tod sind wie der ewige Wechsel von Tag und Nacht vom Himmel uns als Schicksal zubestimmt. Es liegt im Wesen der Geschöpfe, daß sie die Schranken beider nie überschreiten können.

Im Himmel sehen viele Menschen gerade ihren Vater und lieben ihn mit ganzer Seele. Um wieviel mehr noch müßten sie das lieben, was höher als der Himmel ist? Im Herrscher sehen sie ein Wesen, das so viel höher ist als sie, und setzen Leib und Leben ein, für ihn zu sterben. Um wieviel mehr noch müßten sie für ihren wahren Herrscher tun?

Wenn alle Quellen versiegen, liegen die Fische auf dem trockenen Lande und suchen einander mit feuchtem Atem und Speichel feucht zu halten. Weit besser wäre es für sie, wenn sie, in Seen und Flüssen schwimmend, sich um einander nicht zu kümmern brauchten. Die Heiligen zu preisen und die Schurken zu verdammen, ist nicht so gut, als beider zu vergessen und aufzugehn im Tao.

Ist das Boot in einer Bucht verborgen und die Reusen wohlverwahrt im Wasser, glaubt man wohl, daß alles sicher sei.

Doch um Mitternacht kann immer noch ein kräftiger Bursche kommen, alles auf den Rücken laden und damit entfliehen, ohne daß die Schläfer es bemerken. Kleines kann man wohl in Großem gut verbergen, dennoch kann es immer noch verloren gehen. Alles aber bleibt im All, aus dem All kann nichts verloren gehen. Das ist die große Wahrheit von der ewigen Substanz.

Wenn allein der Zufall, in menschlicher Gestalt geboren zu sein, schon ein Grund zur Freude sein sollte, dann müßte ja die Freude unendlich unabsehbar sein, da Wesen in menschlicher Gestalt immer wieder in unzählbarer Vielgestalt ohne Anfang und ohne Ende geboren werden.

Darum freut sich der Berufene nur daran, daß nichts von der Substanz verloren gehen kann, daß sie in ihrer Ganzheit vielmehr ewig ist.

Wenn schon alle Menschen ihm darin nacheifern sollten, den Tod in früher Jugend oder im höchsten Alter, Anfang und Ende, so wie sie sind, als gut zu nehmen, um wieviel mehr dann noch das, von dem alle Wesen abhängen und das alle Gestaltwerdung bewirkt?

Das aber ist das Tao. Es hat Sein und Wirklichkeit, aber es handelt nicht und hat auch nicht Gestalt; man kann es übermitteln, nicht aber fassen, man kann es begreifen, nicht aber sehn. Es ist sich selber Keim und Wurzel. Ehe noch der Himmel und die Erde wurden, ist es von Ewigkeit zu Ewigkeit. Göttern und Geistern gibt es den Geist, Himmel und Erde gibt es die Gestalt. Es ist noch über dem Höchsten, und doch ist es nicht hoch, es ist noch unter dem Tiefsten, und doch ist es nicht tief. Es war vor Himmel und Erde und ist doch nicht gealtert, es war vor der Urzeit des Menschen, und doch ist es nicht alt.

Das, was den Tod des Lebens herbeiführt, ist selbst dem Tode nicht unterworfen, das, was das Leben erzeugt, wird selbst nicht geboren. Es ist ein Wesen, das alle Dinge begleitet, das alle Dinge empfängt, das alle Dinge zerstört, das alle Dinge vollendet.

ERGEBUNG IN DAS SCHICKSAL

Meister Li sprach zu dem sterbenden Meister Lai: »Wie groß ist doch der Schöpfer, was wird er nun wohl aus dir machen? Wird er aus dir eine Rattenleber oder ein Fliegenbein machen?«
Darauf sprach Meister Lai: »Wenn Vater oder Mutter ihr Kind nach Osten oder Westen, nach Süden oder Norden schicken, folgt es gehorsam ihrem Auftrag. Die zeugenden und die gebärenden Gewalten der Natur sind für den Menschen mehr als Vater oder Mutter. Und wenn sie mich dem Tode nahebringen wollen und ich nicht folgsam bin, bin ich des Ungehorsams schuldig. Was aber könnte man ihnen vorwerfen?
Die große Allnatur läßt uns entstehen durch Gestaltung, sie gibt uns Mühe durch das Leben, sie gibt uns Frieden durch das Alter und Ruhe durch den Tod. Die unser Leben gut gemacht hat, wird daher unser Sterben auch gut machen.
Wenn nun ein großer Gießer Erz in Formen gießt, und das Erz wallt auf und spricht: ›Ich will, ich muß ein Schwert werden!‹, dann wird der große Gießer es gewißlich für unbrauchbares Erz halten. Wenn einer nun, nur weil er einmal zufällig menschliche Gestalt bekam, riefe: ›Nur Mensch, nur Mensch laß wieder mich werden‹, dann wird der Schöpfer ihn gewißlich für einen unbrauchbaren Menschen halten. Nun ist das All der große Tiegel, der Schöpfer ist der große Gießer. Wo-

hin auch immer er mich gehen läßt, ich kann nicht anders, als ihm folgen. Friedlich entschlafe ich, folgsam erwache ich wieder.«

DER GROSSE MEISTER

Welch ein Meister ist doch mein Meister! Er gibt jedem das Seine und hält sich nicht für gerecht, er läßt seine Gnade strömen über zehntausend Geschlechter und hält sich nicht für gütig. Er ist älter als die Urzeit und hält sich nicht für alt, er schirmt und trägt Himmel und Erde, formt und bildet alle Gestalten und hält sich nicht für schöpferisch. Er ists, an dem ich mich erbaue.

DAS RÄTSEL DES LEIDENS

Meister Yü war mit Meister Sang befreundet. Als es einmal zehn Tage lang unaufhörlich geregnet hatte, sprach Meister Yü bei sich: »Ich fürchte, Meister Sang muß Not leiden.«

Er packte Lebensmittel ein und machte sich auf, jenem zu essen zu bringen.

Als er zur Tür von Meister Sang gekommen war, vernahm er, wie jener zwischen Singen und Weinen seine Laute schlug und klagte: »O mein Vater, o meine Mutter! O du Himmel, o ihr Menschen!« Bald ging ihm die Stimme aus, bald überstürzten sich seine Worte. Meister Yü trat ein und sprach: »Warum singst du auf solche Weise?«

Er sprach: »Ich dachte nach, was mich in solche Not gebracht hat, und fand es nicht. Wie könnte ich durch Willen meiner Eltern so arm geworden sein? Und Himmel und Erde spenden den Segen ihrer Gaben allen gleichmäßig. Wie könnte ich durch Neid des Himmels und der Erde so arm geworden sein? Ich suche den, der es getan hat, und kann ihn nicht finden. Und doch, daß ich in diese höchste Not gekommen bin, ist wohl mein Schicksal.«

DER WEISEN KÖNIGE WIRKEN

Ein Schüler fragte Meister Lao und sprach: »Hier lebt ein Mensch, lebhaft und kraftvoll, von alldurchdringender Verstandesklarheit und unablässig strebend nach dem Tao. Kann man den mit den weisen Königen des Altertums vergleichen?«
Meister Lao sprach: »Ein solcher ist neben Heiligen nur wie ein grober Knecht, der seinen Leib abmüht und seine Seele quält. Und außerdem: Der Tiger und der Panther schillernd bunte Farben geben nur Anreiz, sie zu jagen. Der Affen Kletterfähigkeit, der Hunde Fähigkeit, Katzen zu fangen, bewirken nur, daß man sie an die Leine legt. Wie kann ein Mensch, der diesen gleicht, mit weisen Königen verglichen werden?«
Verlegen sprach der Schüler: »Darf ich dann fragen, wie wohl die weisen Könige herrschten?«
Meister Lao sprach: »Die weisen Könige herrschten so, daß ihre Taten über die ganze Erde gingen, doch schien es so, als gingen sie nicht von ihnen aus. Ihr veredelnder Einfluß traf alle Wesen, doch ohne daß das Volk es merkte. Und da ihr Name nicht genannt wurde, gaben sie allen Wesen fröhliches Selbstgefühl.
Sie standen im Unergründlichen und wandelten im Nichtsein.«

DER SPIEGEL DES HERZENS

Sei nicht ein Sklave des Ruhms, trage dich nicht mit großen Plänen, gib dich nicht ab mit Geschäften und sei nicht ein Meister des Wissens, sondern verliere dich körperlich im Unendlichen und suche dir das Gestaltlose zum Gefährten. Ergründe, was du Himmlisches in dir trägst, aber laß es niemand sehen, und löse dich überdies von allem.

Denn der vollendete Mensch gebraucht sein Herz nur wie einen Spiegel, er gibt nichts von sich und nimmt nichts in sich auf. Er spiegelt nur wider, aber er hält nichts fest. Darum kann er die ganze Welt überwinden und nimmt doch nicht Schaden an seiner Seele.

DER UNBEWUSSTE

Der Herrscher des Südmeeres war der Unachtsame, der Herrscher des Nordmeeres war der Unbesonnene und der Herrscher der Mitte war der Unbewußte.

Der Unachtsame und der Unbesonnene trafen sich häufig im Lande des Unbewußten, und der Unbewußte war zu ihnen stets sehr gütig.

Der Unachtsame und der Unbesonnene beratschlagten miteinander, wie sie die Güte des Unbewußten vergelten könnten, und sprachen: »Alle Menschen haben sieben Öffnungen zum Sehen und Hören, zum Essen und Atmen. Er als einziger hat keine, wir wollen doch mal versuchen, sie ihm zu bohren.«

Und sie bohrten ihm jeden Tag eine Öffnung.

Am siebenten Tage aber war der Unbewußte tot.

WIDER DIE UNNATUR

I

Zusammengewachsene Zehen oder ein Finger zuviel mögen zwar von Natur entstanden sein, sind aber der Wirkung nach überflüssig. Geschwülste und Auswüchse mögen zwar aus dem Körper hervorgegangen sein, sind aber ihrem Wesen nach überflüssig.

Die vielerlei Vorschriften für Liebe und Pflicht mögen zwar mit den inneren Organen des Menschen in Verbindung stehen, sind aber nicht der rechte Maßstab für die Auswirkung des Tao.

Zusammengewachsene Zehen am Fuße sind daher nichts als ein nutzloses Anhängsel von Fleisch, ein Finger zuviel an der Hand bedeutet eben nur, daß ein nutzloser Finger zuviel gewachsen ist.

Auswüchse in den Gefühlen der inneren Organe bewirken eine übertriebene Bewertung der Vorschriften für Liebe und Pflicht und eine unnatürliche Überfeinerung der Sinnesempfindungen.

So kommt es denn, daß einer, der den Gesichtssinn unnatürlich überfeinert, die Grundempfindungen von Farben in Verwirrung bringt und, ganz versunken nur in Form und Farben, nicht eher ruht, als bis er übernatürliche Fähigkeiten des Gesichts erreicht.

So kommt es denn, daß einer, der den Gehörsinn unnatürlich überfeinert, die Grundempfindungen von Tönen in Verwirrung bringt und, ganz versunken in die Welt der Töne, nicht eher ruht, als bis er übernatürliche Fähigkeiten des Gehörs erreicht.

Und einer, der die Güte unnatürlich übersteigert, der übertreibt die guten Eigenschaften und hemmt dabei sein wahres

Wesen, und in der Sucht nach Ruhm und Anklang ruht er nicht eher, als bis die ganze Welt mit Pauken und Trompeten ihn als ein nie erreichtes Vorbild rühmt.

Und einer, der den Streit mit Worten überspitzt, der leere Sätze ineinanderschachtelt, sie aufeinander türmt und künstlich aneinander knüpft, sich freut an müßigen Erörterungen und seine Kraft an einen müßigen Beweis vergeudet, der ruht nicht eher, als bis alle Welt ihn einen großen Philosophen nennt.

Das alles aber ist von gleicher Überflüssigkeit wie zusammengewachsene Zehen und überzählige Finger und keineswegs das höchste Richtmaß für die Welt.

Das höchste Richtmaß ist, daß die Natur nicht von ihrem wahren Wesen abweicht und, was verbunden sein soll, nicht übertrieben eng verbindet und, was geteilt sein soll, nicht übertrieben weit zerteilt, was lang sein soll, nicht übertrieben lang macht, was kurz sein soll, nicht unzureichend macht. Die Beine einer Ente sind zwar reichlich kurz, doch streckt man sie, tut es ihr weh. Des Kranichs Beine sind zwar reichlich lang, doch kürzt man sie, macht es ihm Schmerz.

Darum, was von Natur aus lang ist, soll man nicht verkürzen, was von Natur aus kurz ist, soll man nicht verlängern, dann gibt es keinen Schmerz, den man beseitigen müßte.

Ich glaube nun, daß die Gesetze der Moral der menschlichen Natur durchaus zuwiderlaufen, denn wieviel Schmerzen machen sie!

Wenn man nun einem, der zusammengewachsene Zehen hat, sie auseinanderschneiden wollte, so wird er weinen, und wenn man einem, der einen Finger an der Hand zuviel hat, diesen abbeißen wollte, so wird er schreien. Der eine von den beiden hat zuviel, der andere zuwenig, die Schmerzen aber wären für beide gleich.

Die um Moral besorgten Menschen unserer Zeit beklagen mit kummervollen Augen die Laster unserer Zeit, die Unmoralischen dagegen tun der Natur und ihrem wahren Wesen erst recht Gewalt an und raffen gierig Ehren und Reichtum an sich. Darum nun glaube ich, daß die Gesetze der Moral der wahren menschlichen Natur durchaus zuwiderlaufen. – Denn welches Unheil haben sie von alters her auf Erden angerichtet!?
Wer mit Klammerhaken und Richtschnur etwas richtet, beschneidet das Natürliche, wer mit Stricken und Bändern, mit Leim und Lack etwas befestigt, vergewaltigt die natürlichen Eigenschaften. Wer an Riten und Musik sich bindet und den Gesetzen der Moral sich fröhlich unterwirft, um der Meinung der Welt zu schmeicheln, der weicht von den ewigen Gesetzen ab. Denn es gibt ewige Gesetze in der Welt.
Aber was nach den ewigen Gesetzen winklig ist, ist nicht durch einen Klammerhaken so geworden; was gerade ist, ist nicht durch eine Richtschnur so geworden, was rund ist, ist nicht durch einen Zirkel so geworden, und was rechteckig ist, ist nicht durch ein Winkeleisen so geworden. Was vereinigt ist, ist nicht durch Leim und Lack vereinigt, und was verbunden ist, ist nicht durch Stricke und Bänder verbunden.
Denn wie alles auf der Welt durch ein sinnvolles Walten hervorgebracht wird, ohne daß man wüßte, wodurch es hervorgebracht wird, so findet sich alles, was zusammengehört, ohne daß man wüßte, wodurch es sich findet. In alter Zeit war es nicht anders als heute und wird auch unerschütterlich so bleiben. Wozu braucht die Moral dann noch mit ihrer Unnatur von Leim und Lack, von Stricken und von Bändern in die Regionen ewiger Naturgesetze einzudringen? Sie stürzt damit die Welt doch nur in Zweifel. Zweifel in kleinen Dingen verdreht die richtige Ansicht, Zweifel in großen Dingen verdreht das Wesen der Natur.

Woher ich weiß, daß das so ist?
Seit Kaiser Schun Gesetze der Moral aufstellte und alle Welt damit verwirrte, rennt alle Welt, als ob es das Leben gälte, der Moral nach. Heißt das denn nicht, durch die Moral dem wahren Wesen der Natur zuwiderhandeln?
Ich will einmal versuchen, es näher auszuführen:
Vom Altertum bis heute verdrehen alle Menschen um äußerlicher Dinge willen das wahre Wesen der Natur. Die Schlechten geben ihr Leben hin für Gut und Geld, die Helden opfern ihr Leben um des Ruhmes willen, die Edelleute opfern sich auf für ihr Geschlecht, die Heiligen opfern ihr Leben für die Welt.
Doch alle diese, mag auch ihr Zweck nicht gleich, ihr Ruhm und Ansehen bei den Menschen grundverschieden sein, sind darin gleich, daß sie ihr Leben opfern und damit das Wesen der Natur verletzen.
Es waren einmal ein Knecht und eine Magd, die miteinander Schafe hüteten. Beide verloren ihre Schafe. Als man nun fragte, was der Knecht getrieben hätte, da stellte sich heraus, er hatte Bücher mitgenommen und gelesen, und als man fragte, was die Magd getrieben hätte, da stellte sich heraus, sie hatte sich mit Würfelspiel vergnügt. Die beiden waren zwar nicht gleichen Zwecken nachgegangen, doch gleich darin, daß sie ihre Schafe verloren.
So mancher Held starb um der Ehre willen, so mancher Räuber um der Beute willen. Mag auch der Grund, aus dem sie starben, nicht gleich gewesen sein, sie gleichen sich darin, daß sie ihr Leben vernichteten und damit die Natur verletzten.
Warum soll man nun die Helden anerkennen, die Räuber aber verdammen?
Alle Menschen geben doch ihr Leben hin. Wenn einer für die Moral sein Leben läßt, nennt man ihn für gewöhnlich einen

edlen Menschen. Und wenn ein anderer für Geld und Gut sein Leben hingibt, nennt man ihn für gewöhnlich einen schlechten Kerl. Beide sind aber gleich darin, daß sie ihr Leben hingeben, und dann soll der eine ein edler Mensch und der andere ein gemeiner Kerl sein? In der Art, wie der Räuber sein Leben hingibt und sein ihm von der Natur gegebenes Wesen vernichtet, liegt doch auch etwas Heldisches!

Wie soll man dann den edlen Menschen und den gemeinen Kerl unter beiden herausfinden?

Ich nenne es nicht gut, wenn einer seine Natur Moralgrundsätzen unterordnet, mag er auch noch so großen Ruhm dadurch erringen.

Ich nenne es nicht gut, wenn einer seine Natur dem Geschmacksinn unterordnet, mag er es auch zu noch so großer Kochkunst bringen.

Ich nenne es nicht feines Gehör, wenn einer seine Natur den Tönen unterordnet, mag er es auch zu noch so großen Künsten bringen.

Ich nenne es nicht klares Sehen, wenn einer seine Natur den Farben unterordnet, mag er es dadurch auch zu noch so großen Fertigkeiten bringen.

Was ich gut nenne, ist nicht, was man Moral nennt; das Gute liegt allein darin, dem Wirken der Natur zu folgen.

Was ich gut nenne, ist nicht, was die Moral gut nennt; es heißt nichts anderes, als die wirklichen Gegebenheiten von Schicksal und Natur pflichtmäßig zu beachten.

Was ich feines Gehör nenne, heißt nicht, auf äußerliche Klänge lauschen, es heißt allein, der Stimme seines Innern lauschen, und was ich klares Sehen nenne, heißt nicht, auf äußerliche Dinge schauen, es heißt allein, ins eigene Innere schauen. Wer nicht in sein Selbst schaut, sondern auf äußerliche Dinge nur, wer sich nicht selbst besitzt, sondern nur äußerliche Dinge, der mag wohl Fremdes besitzen, das Eigene aber nicht, der kann sich wohl, was anderen zu eigen ist, zu eigen machen, doch niemals sich sein Eigenstes zu eigen machen. Und wer sich wohl, was anderen zu eigen ist, zu eigen machen kann, der ist, mag er ein Held nun oder Räuber sein, doch auf dem falschen Wege. Ich schämte mich dessen vor den ewigen Gesetzen der Natur. Und deshalb wage ich nicht, mich an die Gesetze der Moral zu halten und auch nicht, mich auf falschem Wege zu verlieren.

WIDER DIE UNNATUR

2

Die Pferde traben mit baren Hufen auf Eis und Schnee und trotzen in ihren zottigen Fellen Wind und Kälte. Sie fressen Gras und saufen Wasser und springen dabei doch fröhlich umher. Das ist die wahre Natur der Pferde.

Selbst wenn man ihnen Paläste und Schlafgemächer gäbe, sie wüßten gar nichts damit anzufangen.

Dann kam der erste Pferdezähmer und sprach: »Ich verstehe mich gut aufs Pferdezähmen!«

Von da an brannte man sie mit dem Brenneisen, schor ihnen die Mähne, striegelte sie, band sie mit dem Halfter und der Vorderfessel und band sie schließlich an Krippen und an Raufen, und immer zwei bis drei von je zehn Pferden kamen um dabei.

Wenn man sie dann noch hungern und dursten, traben und galoppieren ließ und sie zu Zucht und Ordnung drillte, hatten sie vorn die Pein von Zaum und schmuckbeschlagenen Zügeln und hinten den Schrecken von Peitsche und Gerte. Dabei kam dann sogar von ihnen mehr als die Hälfte um.

Doch von Geschlechtern zu Geschlechtern hat man dem ersten Pferdezähmer Preis und Ruhm gezollt.
Den gleichen Irrtum begehen jene, die die Welt beherrschen. Nach meiner Meinung aber würde einer, der wohl die Welt zu lenken weiß, gewißlich nicht so handeln.
Einst standen die Menschen noch fest und beständig in der Natur, kleideten sich in selbstgewebte Kleider und nährten sich vom selbstbestellten Acker. Darum sagt man, sie waren eingeordnet in das Wirken der Natur. Sie waren eine Gemeinschaft und kannten nichts Trennendes, und darum sagt man, sie lebten nach dem ewigen Beispiel der Natur. Darum wandelten in dieser Zeit des reinsten Wirkens der Natur die Menschen schlicht und würdig und blickten frei und offen.
Über die Hügel führte nicht Weg noch Pfad, über Seen und Flüsse führte nicht Boot noch Steg, denn alle Menschen wie alle andern Wesen auch hingen mit allen Fasern festgewurzelt an ihrer Heimat. So bildeten Vögel und Tiere Schwärme und Herden, und alle Pflanzen wuchsen in dichter Fülle auf. Alle Tiere waren so zahm, als gingen sie an einer Leine, und alle Vögel waren so wenig scheu, daß sie ganz offen sichtbar nisteten. In jener Zeit des reinsten Wirkens der Natur lebten die Menschen zusammen mit den Tieren und allen Wesen wie in einer großen Familie. Wie konnten sie da um den Unterschied von edlen Menschen und gemeinen Kerlen wissen?
Sie waren alle frei von Erkenntnis und ungetrennt vom Wirken der Natur und alle frei von Begierde. Darum sagt man, daß sie von reiner Einfalt waren. In ihrer reinen Einfalt bewahrten sie sich ihre wahre Natur.
Als dann die Heiligen aufkamen, die ihre Gedanken und ihre Kraft auf die Beobachtung der Pflichten der Moral verschwendeten, wurde die Welt zum ersten Mal in Zweifel gestürzt.

Und als sie dann eine willkürliche Sakralmusik und peinlich abgestufte Riten schufen, wurden die Menschen zum ersten Male voneinander getrennt.
Wer hätte wohl die Opferschalen machen können, wenn nicht das rohe Erz zertrümmert worden wäre? Wer hätte wohl kunstvolle Prunkgeräte schaffen können, wenn nicht der weiße Edelstein zerhauen worden wäre? Wer hätte wohl Gesetze der Moral aufstellen können, wenn nicht das Tao und sein naturgegebenes Wirken beseitigt worden wäre? Wer hätte wohl Musik und Riten schaffen können, wenn man vom wahren Wesen der Natur nicht abgewichen wäre? Wer hätte wohl grellbunte Ornamente schaffen können, wenn nicht der von Natur gegebene Farbensinn verwildert worden wäre? Wer hätte wohl kunstvolle Melodien schaffen können, wenn das Gefühl für schlichte Harmonien nicht verbildet worden wäre?
So ist es Schuld der Künstler und Erfinder, den von Natur gegebenen Stoff durch Schaffung künstlicher Geräte zerstört zu haben. So ist es Schuld der Heiligen, das Tao und sein naturgegebenes Wirken durch Schaffung der Moral zerstört zu haben. Denn:
Solange die Pferde noch in der Wildnis leben, fressen sie Gras und saufen Wasser, wenn sie sich gut sind, reiben sie ihre Hälse aneinander, und wenn sie zornig sind, drehen sie sich die Hinterteile zu und schlagen aus. Das ist alles, was sie kennen. Doch spannt man sie ins Joch und zäumt sie in metallbeschlagenes Geschirr, dann lernen sie zu scheuen, sich aufzubäumen und zu bocken, das Gebiß in die Zähne zu nehmen und die Zügel durchzubeißen.
So ist es Schuld des ersten Pferdezähmers, daß die Pferde es lernten, tückisch zu werden.
Solange die Menschen noch in reiner Einfalt lebten, kamen sie

nie auf den Gedanken, etwas Besonderes zu unternehmen oder besonders fernen Zielen nachzugehen. Wenn sie genug zu essen hatten, waren sie zufrieden und klatschten sich den Bauch vor Wonne. Das war das einzige, was sie kannten.
Erst als die Heiligen mit ihrer künstlichen Sakralmusik und ihren peinlich abgestuften Riten die Welt verbesserten, mit ihrer ausgeklügelten Moral das Volk beglückten, da stürzten sich die Menschen auf die Sucht nach der Erkenntnis und jagten unaufhaltsam um die Wette nach dem Glück.
Das ist die Schuld der Heiligen!

RÄUBERMORAL

Die Spießgesellen eines großen Räuberhauptmanns fragten ihn einmal: »Braucht wohl ein Räuber auch Moral?«
Der Räuberhauptmann sprach: »Selbstverständlich braucht er sie in allem, was er unternimmt.
Zu wissen ohne großes Überlegen, wo in den Häusern Schätze verborgen sind, darin liegt seine Größe. Als Erster bricht er ein, das ist sein Mut, als Letzter geht er wieder, das ist sein Pflichtgefühl. Zu wissen, ob der Raub gelingen wird, ist seine Weisheit, und in gerechter Teilung beweist er seine Güte. Wer diese Tugenden nicht alle fünf besitzt, der ist noch nie ein großer Räuber je geworden.«
Geht man von hier aus, so sieht man, daß, selbst wenn die guten Menschen nicht ohne die von Heiligen geschaffene Moral bestehen könnten, die Räuber ebenfalls nicht ohne die von Heiligen geschaffene Moral ihr Handwerk treiben könnten. Nun sind der Guten auf der Welt nur wenige, der Schlechten aber viele, und darum ist der Nutzen der Heiligen für die Welt gering, ihr Schaden aber groß.

Ich weiß nur, daß man die Welt leben und gedeihen lassen soll, aber ich weiß nichts davon, daß man die Welt erst noch in Ordnung bringen müßte.

Sie leben lassen, heißt besorgt sein, daß die Welt nicht in ihrer wahren Natur gestört wird, sie gedeihen lassen, heißt besorgt sein, daß die Welt nicht von ihrem naturgewollten Wirken abweicht. Wenn die Welt nicht in ihrer wahren Natur gestört wird und nicht von ihrem naturgewollten Wirken abweicht, dann ist das die wahre Ordnung der Welt.

Die heiligen Herrscher suchten Ordnung in die Welt zu bringen, indem sie die Menschen fröhlich machten. Aber wenn die Menschen sich ihrer Natur freuen, dann ist das nicht die innere Ruhe. Die schurkischen Tyrannen suchten Ordnung in die Welt zu bringen, indem sie den Menschen Kummer und Sorgen brachten. Aber wenn die Menschen unter ihrer Natur leiden müssen, dann fehlt ihnen die innere Zufriedenheit. Ohne Ruhe aber und ohne Zufriedenheit zu sein, entspricht nicht den naturgewollten Eigenschaften des Menschen. Was nicht den naturgewollten Eigenschaften entspricht, kann nimmermehr alt werden oder lange währen.

Was bedeutet es, wenn die Menschen allzu fröhlich werden? Die Macht des Lichten nimmt in ihnen überhand.

Was bedeutet es, wenn die Menschen allzu zornig werden? Die Macht der Finsternis nimmt in ihnen überhand.

Wenn aber Licht und Finsternis im All ihr zubestimmtes Maß verlieren, kommen die Jahreszeiten nicht zur rechten Zeit, und Frost und Hitze sind ohne Ausgeglichenheit. Und würden dadurch wiederum die Menschen nicht am eigenen Leibe Schaden nehmen?

Wenn also nun im Menschen Fröhlichkeit und Zorn ihr zubestimmtes Maß verlieren, dann wird er launenhaft und unbeständig, verliert den Kopf und alle Selbstbeherrschung; auf halbem Wege läßt er alles liegen und bringt das Angefangene nie zu Ende. Dadurch entstanden auf der Welt erst Stolz und Neid, Ehrgeiz und Eifersucht und später die großen Taten edler Menschen und die Verbrechen räuberischer Schurken.
Es ist darum so nutzlos, die Welt zu bessern durch Lohn für gute Taten, und so erfolglos, die Welt zu bessern durch Strafen für Verbrechen. Denn selbst das Schönste auf der Welt wäre als Lohn, das Schlimmste als Strafe wirkungslos.
Und doch, vom Altertum bis heute erschöpfte man sich ohne Ruhe, ohne Rast im Strafen und Belohnen. Wie hätte man da überhaupt auf den Gedanken kommen können, das Wesen der Natur in Ruhe zu lassen?
Wenn daher nun ein edler Mensch nicht anders kann, als sich mit der Regierung abzugeben, dann ist das allerbeste, gar nichts unternehmen.
Nur wenn man gar nichts unternimmt, gibt man der wirklichen Natur im Menschen Ruhe zur Entwicklung.
Nur dem, dem das Geschenk des Lebens höher gilt, als Herrscher sein der Welt, mag man die Herrschaft anvertrauen, nur dem, der das Geschenk des Lebens heißer liebt, als Herrscher sein der Welt, darf man die Herrschaft übergeben!
Selbst wenn ein solcher Mensch sein Inneres in sich verschlossen trägt und seine Sinne nicht nach außen kehrt und stumm und reglos wie ein Toter scheint, so ist es doch, als ginge Blitz und Donner von ihm aus, unfaßbar wie ein Gott bewegt er sich, und selbst der Himmel scheint ihm untertan. Wenn er auch unbeteiligt scheint und gar nichts unternimmt, so neigen dennoch ihm sich alle Wesen zu.

Wie sollte der noch überhaupt auf den Gedanken kommen können, die Welt in Ordnung zu bringen?

DER MENSCHEN HERZ

Lao-tse sprach:
»Hüte dich, der Menschen Herz zu stören!
Der Menschen Herz ist so:
Je mehr man es nach unten drückt, um so mehr drückt es nach oben, und schließlich begegnen sich Unterdrücker und Bedrückte mit brutaler Gewalt und offener Rebellion.
Bei sanfter Nachgiebigkeit wird auch sein härtester Widerstand weich, bei schneidender Härte wird es so hart wie Diamant.
Brennt es einmal, dann brennt es auch gleich wie loderndes Feuer. Ist es kühl, dann ist es auch gleich kalt und starr wie Eis.
Es ist so schnell, daß es in einem Augenblick schon zweimal die ganze Welt umkreist.
Ist es ruhig, dann ist es still wie ein Abgrund, ist es erregt, dann ist es auch gleich himmelhoch erregt.
Stolz und wild und nicht zu bändigen, so ist der Menschen Herz!«

DER URNEBEL

Der Lenker der Wolken wanderte nach Osten. Als er über die Zweige des Himmelsbaumes hinauskam, traf er den Urnebel. Der Urnebel schwebte gerade regungslos auf und nieder. Als der Lenker der Wolken ihn erblickte, hielt er betroffen inne,

stand verwundert und sprach: »Ehrwürdiger, wer bist du? Was tust du hier?«
Der Urnebel antwortete, ohne anzuhalten: »Ich schwebe.«
Der Lenker der Wolken sprach: »Ich möchte dich etwas fragen.«
Der Urnebel blickte auf, sah den Lenker der Wolken an und seufzte.
Der Lenker der Wolken sprach: »Die Kräfte des Himmels sind nicht im Einklang, die Kräfte der Erde sind verworren, die Kräfte der Atmosphäre sind in Unordnung, und die Jahreszeiten sind durcheinander gekommen. Nun möchte ich die Urkräfte der Atmosphäre wieder miteinander in Einklang bringen, um allen Geschöpfen der Erde Lebensmöglichkeiten zu geben, wie kann ich das tun?«
Der Urnebel schwebte weiter reglos auf und nieder, neigte nur das Haupt und sprach: »Ich weiß es nicht! Ich weiß es nicht!« Der Lenker der Wolken erhielt auf seine Frage keine Antwort.
Wiederum nach drei Jahren wanderte er nach Osten. Als er über das bewohnte Gebiet hinausgekommen war, traf er den Urnebel. Der Lenker der Wolken war hocherfreut, ging eilends auf ihn zu und sprach: »Erhabener, hast du mich vergessen? Erhabener, hast du mich vergessen?« Wieder und wieder verneigte er sich ganz tief und bat den Urnebel um Belehrung.
Der Urnebel sprach: »Ich schwebe auf und ab, ohne ein Ziel zu kennen. Ich lasse mich treiben, ohne daß ich weiß, wohin es geht. Schwebend schaue ich regungslos dem Walten der Natur zu, was sollte ich da wissen?«
Der Lenker der Wolken sprach: »Auch ich möchte mich gern treiben lassen, die Menschen aber folgen mir, wohin ich immer gehe. Ich kann darum nicht anders, als mit den Menschen Ge-

meinschaft zu haben, und da ich nun einmal der bin, nach dem die Menschen sich richten, möchte ich von dir ein Wort hören.«

Der Urnebel sprach: »Daß die ewige Ordnung des Himmels gestört wird, daß die wahre Natur der Geschöpfe verkehrt wird, daß dem unerforschlichen Walten des Himmels gewehrt wird, daß die Herden der Tiere versprengt werden, daß die Vögel nur noch des Nachts singen, daß Unheil über Baum und Kraut kommt und daß der Fluch sich bis zu den geringsten Würmern auswirkt, ach, all das kommt nur durch den Irrtum, daß man die Menschen in Ordnung halten will.«

Der Lenker der Wolken sprach: »Was soll ich dann aber tun?«

Der Urnebel sprach: »Du quälst mich. Schwing dich auf und eile wieder dahin, woher du gekommen bist!«

Der Lenker der Wolken sprach: »Schwer war es für mich, dich, Erhabener, zu treffen, darum bitte ich dich, laß mich doch einen Rat hören!«

Der Urnebel sprach: »Ach, laß es aus dem Herzen quellen! Nur wenn du gar nichts unternimmst, werden alle Wesen von selber wieder zu ihrer Natur zurückfinden. Vergiß deine Körperlichkeit, wirf alles Sinnliche von dir, vergiß die Bande, die dich mit dem Stofflichen verbinden, versenke dich in das Ursein, löse dein Herz, entspanne deinen Geist und sei still, als hättest du keine Seele. Alle Wesen und alles, was überhaupt lebt, kehrt zurück zu seinem Ursprung. Sind sie einmal in ihren Ursprung, ins Unbewußte, ins Gestaltlose zurückgekehrt, so trennen sie sich nie mehr von ihm.

Solange du dir aber noch deiner Körperlichkeit bewußt bist, bist du von ihm noch fern.

Frage nicht nach seinem Namen, forsche nicht nach seinem Wesen. Es ist der Urgrund des Seins, sich selber Ursprung.«

Der Lenker der Wolken sprach: »Erhabener, du hast das Wahre

mir geschenkt und sein Geheimnis offenbart. Nun habe ich erlangt, was ich mein Leben lang ersehnt.« Und er verneigte sich wieder und wieder tief und ging.

EINSAM UND GROSS

Gewöhnliche Menschen freuen sich immer darüber, wenn andere mit ihnen übereinstimmen, und ärgern sich darüber, wenn andere von ihnen abweichen. Der Grund dafür ist ihr Streben, sich über die Menge zu erheben.

Aber haben jene, die das Streben haben, sich über die Menschen zu erheben, sich überhaupt je über die Menge erhoben? Sie beruhigen sich doch gerade dabei, so zu sein wie die Menge. Soviel ich weiß, kann man aber doch nur, wenn man nicht so ist wie die Menge, sich von der Menge abheben!

Wenn jene aber nun das Reich regieren wollen, indem sie sich nur nach dem Muster der Herrscher der vergangenen Dynastien richten, ohne aber deren Fehler zu sehen, dann bedeutet das doch, das Schicksal des Reiches von Glückszufällen abhängig machen. Wie oft ist aber nicht das Reich schon durch das Vertrauen auf Glückszufälle zugrunde gerichtet worden? So gut wie sicher wird das Reich dabei zugrunde gehen! Ach, wie traurig, daß die Herrscher der Welt das nicht erkennen!

Wer die Welt beherrscht, besitzt ein großes Ding, und wer ein großes Ding besitzt, der muß über den Dingen stehen können. Weil er über den Dingen steht, kann er die Dinge als Dinge nehmen. Wer sich darauf versteht, die Dinge als Dinge zu nehmen und zugleich über den Dingen zu stehen, wie sollte der sich nur darauf beschränken, die Völker der Welt zu lenken? Er geht ein und aus im Raum und wandelt durch das All. Wo er geht und steht, ist er einsam und allein.

Von ihm kann man wahrhaft sagen: Er ist auf sich allein gestellt. Wer so auf sich allein gestellt ist, der hat den höchsten Adel.
Die Lehre eines solchen Großen ist wie der Schatten, der dem Körper folgt, ist wie der Widerhall von Klängen. Auf jede Frage gibt er, sein Innerstes erschöpfend, Antwort. So ist er der Gefährte aller Welt, und doch weilt er jenseits vom Hörbaren und Faßbaren. Er führt dich zu deinem Ziel und geleitet dich wie von selbst zurück. Er wandelt im Grenzenlosen, geht aus und ein im leeren Raum und ist ewig wie die Sonne.
Willst du seine Gestalt schildern und beschreiben –: Er ist eins mit der großen Einheit und hat darum kein Ich.
Wer aber kein Ich hat, wie könnte der noch etwas besitzen wollen? Jene Herren des Altertums aber richteten ihren Blick auf das, was sie besaßen. Wer aber seine Blicke auf das Nichts richtet, der ist der Gefährte des Alls.

DER MYSTISCHE URGRUND

Im Uranfang war das Nichtsein. Es hatte weder Sein noch Namen. Aus ihm entstand das Eine.
Das Eine, noch Gestaltlose, aus dem alle Geschöpfe geschaffen werden, heißt *Urgrund*.
Was das Gestaltlose immer wieder unaufhörlich teilt, heißt *Schöpfungskraft*.
Was in unendlich fließender Bewegung die Wesen schafft und den Erschaffenen ihre Ordnung gibt, heißt *Form*.
Was in der Form Vernunft enthält, daß beides seine Wirkungsweise hat, heißt *Wesensart*.
Wird diese Wesensart gepflegt, kehrt sie zurück zum Urgrund.

Wenn der erreicht ist, ist wieder Einheit wie im Anfang.
Einheit ist Leere, Leere Größe.
Verweht wie Hauch und Klang in Harmonie mit dem Unendlichen. Ohne Bewußtsein, scheinbar stumpf und blind.
Das heißt der mystische Urgrund. Er wird erreicht durch völlige Ergebung.

DER ALTE VOM BRUNNEN

Ein Jünger des Konfuzius war einst nach Süden gereist; als er auf dem Rückweg an dem Südufer des Hanflusses entlang kam, da sah er einen alten Mann, der gerade sein Gartenland bewässerte.
Er hatte Stufen in die Brunnenwand gehauen und stieg so in den Brunnen hinein, dann kam er mit einem Gefäß voll Wasser wieder heraus und begoß seinen Garten. So verbrauchte er mühselig eine Menge Kraft, und der Erfolg war sichtlich nur gering.
Da sprach der Jünger des Konfuzius zu ihm:
»Dafür gibt es eine Vorrichtung, mit der man an einem Tag hundert Gärten bewässern kann. Die aufgewandte Mühe ist nur gering und der zutage tretende Erfolg sehr groß. Möchtest du nicht auch gern so etwas haben?«
Der Gärtner blickte auf, sah jenen an und sprach: »Was wäre das?«
Der Jünger des Konfuzius sprach: »Man haut einen Baum zurecht zu einem Hebelarm, beschwert ihn hinten und macht ihn vorne leicht. Damit kann man ganz handlich Wasser schöpfen, daß es nur so sprudelt. Man nennt das einen Ziehbrunnen.«
Da trat der Zorn dem Alten auf die Stirn, doch lachend sagte

er: »Ich habe von meinem Lehrer gelernt: Wer Maschinen benutzt, der arbeitet auch wie eine Maschine. Wer wie eine Maschine arbeitet, bekommt ein Maschinenherz. Wer aber ein Maschinenherz in seiner Brust hat, der hat nicht mehr die unverdorbene reine Einfalt. Wer aber nicht mehr seine unverdorbene reine Einfalt hat, der wird in seiner Seele wankelmütig, und wo die Seele wankelmütig ist, ist für das Tao kein Platz. Ich kenne solche Dinge wohl, doch scheue ich mich, sie zu gebrauchen.«

Der Jünger des Konfuzius errötete und schlug verlegen schweigend seine Augen nieder. Nach einer Weile sprach der Gärtner: »Wer bist du eigentlich?« Er sprach: »Ich bin ein Jünger des Konfuzius.«

Da sprach der Gärtner: »Dann bist du also einer von jenen hochgelehrten Herren, die gerne Heilige sein möchten und die sich immer tönend brüsten, turmhoch erhaben über alle Welt zu sein, die unbeachtet ihre Jammerlieder singen und überall mit ihrem Ruhm hausieren gehn? Wenn du all deine Klugheit geradezu vergessen und alles Körperliche von dir stoßen könntest, dann könnte man noch Hoffnung haben. Doch da du nicht einmal dein Selbst in Ordnung halten kannst, wie kannst du dann auf den Gedanken kommen können, die Welt in Ordnung bringen zu wollen? Geh weiter, halte mich nicht von meiner Arbeit ab!«

Der Jünger des Konfuzius war betroffen und verlor die Farbe. Er war verwirrt und so sehr außer Fassung, daß er sich erst nach langer Wanderung wieder faßte. Sein Schüler fragte ihn: »Wer war denn eigentlich jener Mann vorhin? Warum, mein Meister, warst du bei seinem Anblick so verändert und erblaßtest, so daß du den ganzen Tag nicht wieder zu dir kamst?«

Er sprach: »Einst glaubte ich, mein Meister sei ein einzigarti-

ger Mensch auf Erden, und wußte doch nicht, daß es auch diesen Mann noch gibt. Mein Meister lehrte mich, in allem nur nach dem Möglichen zu streben, mit meinen Taten nur auf den Erfolg zu trachten, mit möglichst wenig aufgewandter Kraft die größten möglichen Erfolge aufzuweisen, das sei der Weg des Heiligen. Nun aber sehe ich, daß dies ein Irrtum war.
Nur wer das Tao ergriffen hat, kann die naturgewollte Wirkung ganz erfüllen.
Nur wer die Fülle des naturgewollten Wirkens hat, kann auch des Lebens Fülle haben.
Nur wer des Lebens Fülle hat, kann auch des Geistes Fülle haben. Des Geistes Fülle, das ist der Weg des wahren Heiligen.«

DAS GOLDENE ZEITALTER

In jener Zeit, da das naturgewollte Wirken in höchster Form noch auf der Erde herrschte, schätzte man nicht Weisheit hoch und fragte nicht nach Fähigkeit.
Der Herrscher glich einem Baume, der mit seinen Zweigen alles schirmt, das Volk war wie die Rehe, die sich unter seine Krone schmiegen.
Die Menschen waren rechtschaffen und gerade, ohne zu wissen, was Pflicht ist.
Sie liebten ihren Nächsten, ohne zu wissen, was Liebe ist.
Sie waren treu, ohne zu wissen, was Treue ist.
Sie waren wahrhaft, ohne zu wissen, was Wahrhaftigkeit ist.
In aller Selbstverständlichkeit halfen sie einander, ohne das als besondere Güte zu empfinden.
Darum hinterließen ihre Taten keine Spuren, und ihre Werke wurden nicht der Nachwelt überliefert.

DIE GROSSE FRAGE

Kreist nicht der Himmel? Steht nicht die Erde fest? Wechseln nicht Sonne und Mond einander ab?
Wer ist es, der sie lenkt? Wer ists, der sie zusammenhält? Wer ists, der still und ohne Mühe sie antreibt und in Gang erhält?
Manche meinen, eine geheimnisvolle Kraft bewirkt, daß sie nicht anders können. Manche meinen, es sei ein ewiger Kreislauf, der von selbst nicht stille stehen könne.
Die Wolken lassen es regnen, der Regen läßt Wolken sich bilden.
Wer aber ists, der sie herniedersendet? Wer ists, der still und ohne Mühe sie ihren Segen spenden läßt?
Der Wind erhebt sich im Norden, bald weht er nach Westen, bald nach Osten, bald wieder steigt er auf im Wirbel.
Wer ist es, der ihn wehen läßt?
Wer ists, der still und ohne Mühe ihn weithin wehen läßt?...

DIE MUSIK DES HERRSCHERS DER GELBEN ERDE

Jemand sprach zum Herrscher der gelben Erde: »Erhabener Herrscher, als ich dich den Opferhymnus für die Erde in den Gefilden des großen Sees im Süden spielen hörte, war ich zuerst in Furcht versetzt, darauf erschöpft und schließlich ganz verwirrt. Ich war erregt, der Worte nicht mehr mächtig und fassungslos.«
Der Herrscher sprach: »Du hast auch fast das Richtige getroffen. Ich spielte zwar von Menschen geschaffene Musik, aber ich drückte Himmlisches damit aus. Ich spielte zwar nach allen Regeln der Kunst, aber ich legte die Klarheit des Ewigen hinein.

Die höchste Musik läßt erst der Menschen Taten widerklingen und fügt sich doch den Ordnungen des Himmels ein. Sie stellt der Menschen Wandel dar und läßt zugleich die ewigen Naturgesetze widerklingen. Und weiter gestaltet sie den Wechsel der vier Jahreszeiten und bringt die Geschöpfe der Welt in ihre Harmonie. So klingen die Jahreszeiten in ihrem ewigen Wechsel in ihr auf, und die Geschöpfe leben in ihr in ihrer zubestimmten Ordnung.

Bald voll ertönend, bald leis verklingend – erklingt in ihr Geburt und Tod in seiner ewigen Folge. Bald klar erklingend, bald dumpf erdröhnend – erklingt in ihr der ewige Ausgleich des Lichtes und der Finsternis, und ihr Klang ist wie strömendes Licht, bald ist er wie Donnerhall, der die Larven erweckt, die nach dem Winterschlaf beginnen sich zu regen. Der Schluß ist unvermittelt ohne Ausklang, der Anfang ohne Vorspiel. Bald schien sie zu ersterben und lebte doch wieder auf, bald schien sie zu enden und fing doch wieder an.

Was ewig und unerschöpflich sein soll, das darf auch keine Pause haben, und darum warst du so in Furcht versetzt.

Dann ließ ich die Harmonien der lichten und der dunklen Macht wie Glanz der Sonne und des Mondes aufleuchten. So waren ihre Töne bald kurz, bald lang, bald weich, bald hart. Bei aller Vielfalt aber blieben sie in einer Harmonie und doch nicht von gewohntem Klang.

Sie füllten die Täler, sie füllten die Schluchten. Sie stillten das Sehnen, sie wahrten den Geist und gaben allen Dingen das Maß. Ihr Klang war breit und verhallend, ihre Melodie hell und klar. Darum hielten sich die Seelen der Toten und die Geister in ihrer Verborgenheit, und Sonne, Mond und Sterne wandelten ihre Bahnen. Ich ließ die Töne verharren im Endlichen und dahinströmen ins Unendliche. Du wolltest sie fassen, konntest sie aber nicht begreifen. Du schautest auf, konntest aber nichts sehen. Du versuchtest zu folgen, konntest aber nicht nachkommen und standest überwältigt auf dem Wege ins Nichts. So beugtest du dich über deine Laute und summtest mit. Die Kraft deiner Augen strengtest du aufs äußerste an, vom Wunsche zu schauen beseelt. Doch mir zu folgen, gebrach es dir an Kraft, da ich dir ja schon unerreichbar war. Dein Körper war ganz von Leere erfüllt, und daher warst du, als du wieder zu dir kamst, völlig erschöpft.

Als ich dann weiterspielte, da kamen Klänge, die keine Erschöpfung aufkommen ließen. Ich stimmte sie auf die schöpferischen Triebe der Natur, und darum folgten sich die Töne wie sprudelnde Quellen, wie wuchernde Pflanzen, wie das Rauschen der Wälder ohne feste Form und verhallten weithin ohne Spur.

Bald klangen sie dumpf und summend und gaben fast keinen Laut, bald klangen sie wild bewegt ins Unendliche, bald schienen sie in dunklen Tiefen zu verharren. Bald meinten sie das Leben, bald das Sterben, bald meinten sie die reif erfüllte Frucht, bald meinten sie die üppig volle Blüte.

Weil so die Töne aufgelöst dahinfließen und ungewohnten Klanges sind, versteht die Welt sie nicht und soll darum Berufenen das Urteil überlassen.

Denn der Berufene dringt in das tiefste Wesen der Geschöpfe ein und folgt den schöpferischen Trieben der Natur. Wenn ohne Spiel der Töne Fülle da ist, dann heißt das die Musik des Himmels. Und ohne Wort wird doch das Herz erfreut. Darum hat jemand einst zu ihrem Lob gesagt:

> Man lauscht auf sie und hört nicht ihren Laut,
> man schaut nach ihr und sieht nicht ihre Form.
> Sie füllt den Himmel und die Erde aus,
> und sie umschließt den grenzenlosen Raum des Alls.

Du wolltest sie hören und konntest sie nicht fassen, darum warst du verwirrt.
Als ich zu spielen anfing, warst du in Furcht versetzt, weil du in Furcht warst, bekamst du Ehrfurcht.
Als ich dann weiterspielte, warst du erschöpft, weil du erschöpft warst, wurdest du entrückt.
Zum Schluß warst du verwirrt, weil du verwirrt warst, wurdest du ein Tor. Als Tor kannst du das Tao erlangen.
Hast du das Tao erlangt, trägst du es in dir und wirst ganz eins mit ihm.«

DER BERUFENE

Festgeprägte Vorurteile haben, tugendhaften Wandel hochschätzen, sich von der Welt absondern und anders sein als alle anderen, hochtrabende Reden führen und bittere Urteile fällen, ist Überheblichkeit. Das lieben jene Herren, die in Berg und Tal der Welt entsagen, und jene Leute, die die Welt verurteilen und sich voll Bitterkeit in einen Abgrund stürzen.
Von Liebe und Pflicht, von Treu und Glauben reden, ergeben und bescheiden, selbstlos und höflich sein, ist doch nur Pflege der Selbstgerechtigkeit. Das lieben jene Herren, die die Welt verbessern wollen, und jene Prediger und Schriftgelehrten, die sich wandernd umhertreiben.
Von großen Taten reden, sich einen großen Namen machen, eine Hofetikette aufstellen und Herrschern und Untertanen Vorschriften machen, ist doch nur Ordnungmacherei. Das lieben jene Herren am Hofe und jene Leute, die den Herrscher ehren und sein Land mächtig machen wollen, indem sie ihre Mühe darauf richten, andere Staaten in ihre Gewalt zu bringen.

Sich an Seen und Bäche zurückziehen, in einsamen Gefilden hausen und an stillen Orten Fische angeln, ist doch nur Müßiggang. Das lieben jene Herren an Strom und Meer und jene Leute, die sich von der Welt zurückgezogen haben und nun in freier Muße leben.

Schnauben und mit offnem Munde keuchen, ausatmen und einatmen, die alte Luft ausstoßen und neue einziehen, sich recken wie ein Bär und strecken wie ein Vogel, ist nur der Wunsch nach langem Leben. Das lieben jene Herren, die Atemübungen treiben, und jene Leute, die ihren Körper pflegen, um alt zu werden wie ein Urgreis.

Doch ohne Vorurteile erhaben, ohne Moralgesetze selbstlos sein, ohne Taten und ohne Ruhm ordnen, ohne Flucht in die Einsamkeit Muße finden, ohne Atemübungen hohes Alter erreichen, alles vergessen und doch alles besitzen, von unendlicher Gelassenheit sein und doch alles Schöne um sich haben, das heißt das Tao des Himmels und der Erde haben, das heißt das wahre Wirken des Berufenen.

Und darum sage ich:

Der Berufene ist in vollkommener Ruhe, Ruhe bringt Gleichgewicht und Leichtigkeit, Gleichgewicht und Leichtigkeit bringt inneren Frieden und Gelassenheit. Wo Gleichgewicht und Leichtigkeit, wo innerer Friede und Gelassenheit herrschen, da finden Leid und Schmerzen keinen Zugang, da nehmen böse Leidenschaften nicht überhand, da ist die Fülle des Wirkens der Natur, da ist der Geist ganz makellos.

Und darum sage ich:

Des Berufenen Leben ist des Himmels Wirken, sein Sterben ist für ihn nur Wandlung der Substanz. In seiner Stille ist er eins mit dem Wirken der empfangenden Kraft, in seinen Regungen ist er eins mit den Fluten der zeugenden Kraft. Er schafft nicht Unglück durch die Jagd nach Glück. Er geht nur seinen Trieben nach, die in ihm wirken, nur unter ihrem Drange regt er sich. Nur wenn er gar nicht anders kann, beginnt er etwas. Er streift alle Ahnung von Künftigem und alle Erinnerung an Vergangenes von sich ab und folgt nur den Richtlinien des Himmels. Und darum ist nichts, was vom Himmel kommt, Leid für ihn, deshalb kennt er keine Verstrickung in die Welt der Dinge, keinen Tadel von Menschen und keine Furcht vor Geistern. Sein Leben ist für ihn wie ein Sich-treiben-Lassen, sein Sterben ist für ihn ein Ruhefinden. Er macht sich keine Sorge und schmiedet keine Pläne. Er leuchtet ohne eitles Glänzen und ist wahrhaftig ohne Absicht. Sein Schlaf ist ohne Traum und sein Erwachen ohne Kummer. Sein Geist ist rein, und seine Seele kennt kein Erschlaffen. In Leere, Ruhe und Gelassenheit ist er eins mit dem Wirken des Himmels.

Und darum sage ich:

Schmerz und Lust sind Abweichungen vom naturgewollten Wirken, Freude und Zorn sind Überschreitungen der Bahn des Tao. Liebe und Haß bedeuten Verlust des naturgegebenen Wirkens. Wenn aber das Herz weder Kummer noch Freude kennt, dann hat das Sich-auswirken-Lassen der Natur seinen höchsten Grad erreicht. Einfach und unwandelbar sein, das ist höchste Stille. Kein Widerstreben kennen, das ist höchste Leere. Nicht in die Welt der Dinge verflochten sein, das ist höchste Gelassenheit. Nicht gegen den Strom sich stemmen, das ist höchste Reinheit.

Und darum sage ich:

Wenn der Leib sich rastlos abmüht, wird er verbraucht, wenn der Geist unaufhörlich tätig ist, wird er überanstrengt. Überanstrengung führt zu Erschöpfung. Es liegt im Wesen des Wassers, daß es klar ist, solange es nicht getrübt wird, daß es spiegelglatt ist, solange es nicht aufgerührt wird. Wird es gehemmt und eingedämmt, so daß es nicht mehr fließen kann, dann ist es auch nicht mehr klar. Das ist ein anschauliches Bild des himmlischen Wirkens.

Und darum sage ich:

In echter Reinheit ungetrübt sein, in stiller Einfachheit unwandelbar sein, gelassen nicht handeln, in allen Regungen sich nach des Himmels Wirken richten: das ist der Weg zur Pflege des Geistes. Wer eine kostbare Klinge besitzt, der steckt sie in eine Scheide, legt sie fort und scheut sich, sie zu gebrauchen, weil sie so kostbar ist...

Aber der Geist durchdringt den Raum und strömt bis ins Unendliche, er dringt nach oben bis in den Himmel und umkreist nach unten die Erde, er gestaltet und nährt alle Wesen, für ihn gibt es gar kein Gleichnis.

Sein Name aber ist Gott gleich.

HERBSTFLUTEN

Die Zeit der Herbstfluten war gekommen, und Hunderte von Strömen ergossen sich in den ›Gelben Fluß‹. Reißend wälzte sich der Strom dahin, zu so großer Breite angeschwollen, daß man von Ufer zu Ufer nicht mehr einen Ochsen von einem Pferde unterscheiden konnte.

Darüber war der Flußgott hocherfreut und glaubte nun, daß alle Schönheit auf der Welt ihm ausnahmslos zu eigen sei. Als er der Strömung folgte, kam er ans Nordmeer. Da wandte er sein Gesicht nach Osten und hielt Ausschau, aber er sah kein Ende des Wassers. Nach allen Seiten blickte er sich darauf um und schaute auf den Ozean hinaus, wandte sich an den Gott des Nordmeers und sagte seufzend: »Was das Sprichwort sagt: ›Wer hundert Wege kennt, hält sich für unvergleichlich klug‹, das könnte man auch von mir sagen. Wohl habe ich schon von Leuten gehört, die sich wenig aus den Morallehren der Weisen und aus dem selbstaufopfernden Beispiel der Helden machten, aber ich habe bisher nicht daran geglaubt. Nun erst sehe ich, wie unerschöpflich du bist. Wäre ich nicht zu dir gekommen, wäre ich wohl ewig von den Meistern des großen Tao verlacht worden.«

Der Gott des Nordmeers sprach: »Mit einem Frosche, der im Brunnen lebt, kann man nicht vom Meere reden, er ist beschränkt auf sein Loch. Mit einem Sommerfalter kann man nicht vom Eise reden, er ist beschränkt auf seine Jahreszeit. Mit einem einseitigen Gelehrten kann man nicht vom Wirken der Natur reden, er ist gebunden durch seine Lehre.

Da du nun aus der Enge deiner Ufer herausgekommen bist, das große Meer erblickt und damit deine eigene Unzulänglichkeit erkannt hast, kann man mit dir schon von den Urgründen reden.

Von allen Wassern auf Erden ist keins größer als das Meer. Zahllose Ströme ergießen sich hinein, wer weiß, wie lange, und doch nimmt es nicht zu. An seichten Stellen und über Untiefen verdunstet es, wer weiß, wie lange, und doch nimmt es nicht ab. Unwandelbar, ob Herbst oder Frühling, kennt es nicht Wassersnot noch Dürre. So ist es den größten Flüssen und Strömen unermeßlich überlegen.

Daß ich mich dennoch nicht als groß ansehe, kommt daher, daß ich meine Größe mit dem All vergleiche und sehe, daß ich meine Lebenskraft nur aus dem ewigen großen Kreislauf von Zeugen und Empfangen nehme. Ich bin im weiten Raum des Alls nur wie ein Steinchen oder Bäumchen auf einem himmelhohen Berg, so klein, daß es noch gerade eben sichtbar ist. Wie sollte ich mich dann noch selbst für groß halten? Ist nicht die ganze Erde im weiten Raum des Alls nur wie ein kleiner Ameisenhaufen in einem großen See? Ist nicht das Reich der Mitte auf der ganzen Erde nur wie ein Korn in einer großen Scheune?

Will man die Zahl aller Wesen ausdrücken, so spricht man von Myriaden – und der Mensch ist nur eins davon. Von all den vielen Menschen, die die Welt bewohnen, sich von der Felder Früchten nähren, auf Schiffen und auf Wagen fahren, ist wiederum der einzelne nur einer. Verglichen nun mit all den Myriaden Wesen, ist er da nicht wie die Spitze eines Härchens am Leibe eines Pferdes? – Und alles, was die Heroen der Sage verband, worum die Herrscher der Geschichte stritten, um das sich tugendhafte Leute sorgten, um das Beamte sich auf ihren Posten mühten, ist darin mit enthalten. Wenn Helden es von sich warfen, hielten sie das für ehrenvoll, wenn Leute wie Konfuzius darüber redeten, hielten sie sich für große Gelehrte. Ist jener darin, daß er sich selbst für groß hält, nicht wie du, der du noch eben dein Wasser für das größte hieltest?«

Der Flußgott sprach: »Dann darf ich doch das All als groß und eines Härchens Spitze als klein bezeichnen?«

Der Gott des Nordmeers sprach: »Nein. Für Dinge gibt es kein unbedingtes Maß. Der flüchtige Augenblick der Zeit kennt kein Verweilen. Nichts Bedingtes hat ewigen Bestand. Der ewige Kreislauf hat Anfang nicht, noch Ende.

Wer höchstes Wissen besitzt, der schaut darum das Nahe und das Ferne so an, daß ihm das Kleine nicht als unbedingt klein, das Große nicht als unbedingt groß erscheint, denn er weiß, daß es keine unbedingten Maße gibt.

Er durchschaut mit klarem Blick Vergangenheit und Gegenwart, so daß er dem Vergangenen nicht nachtrauert und das, was ihm bevorsteht, ohne gieriges Verlangen hinnimmt, denn er weiß, daß der flüchtige Augenblick doch nicht verweilt.
Er schaut mit kritischem Blick auf Fülle und Mangel, so daß er sich nicht am Erfolg erfreut und nicht Verlust beklagt, denn er weiß, daß alles Bedingte unbeständig ist.
Und klar erkennt er des ewigen Kreislaufs ewiges Gleichmaß, so daß er das Leben nicht für der Güter höchstes und den Tod nicht für der Übel größtes hält, denn er weiß, der ewige Kreislauf hat Anfang nicht noch Ende.
Bedenke doch, wie klein des Menschen Wissen ist, verglichen mit dem, was er nicht weiß, wie kurz des Menschen Leben ist, verglichen mit der Zeit, da er nicht lebt. Und weil er nun mit seinen allerkleinsten Mitteln die Grenzen des Allergrößten zu erschöpfen trachtet, kann er doch nur in Irrtum sich verstricken und nie zu seinem Ziele kommen.
Denn wie kann ich, von diesem Standpunkt aus gesehen, noch wissen, ob die Spitze eines Härchens klein genug ist, um die Grenzen der letzten Kleinheit zu bestimmen? Wie kann ich wissen, ob das All noch groß genug ist, um die Grenzen der letzten Größe zu bestimmen?«

Der Flußgott sprach: »Die Sophisten unserer Tage sagen: ›Das unendlich Kleine hat keine körperliche Form mehr, das unendlich Große ist unbegrenzbar,‹ ist das tatsächlich wahr?«
Der Gott des Nordmeers sprach: »Vom Kleinen aus läßt sich das Große nicht übersehen, vom Großen aus läßt sich das Kleine nicht mehr klar erkennen.
Nun ist das unendlich Kleine das letzte Teilchen vom Kleinen und das unendlich Große die höchste Ausdehnung des Großen.

So sind sie zwar der Richtung nach verschieden, der Wirkung nach aber gleich.
Denn selbst das Allerkleinste und das Allergrößte sind durch die Form bedingt. Was aber keine körperliche Form mehr hat, läßt sich nicht zahlenmäßig teilen, was unbegrenzbar ist, läßt sich nicht zahlenmäßig ermessen. Worüber man reden kann, ist dingliche Größe, was man sich vorstellen kann, ist dingliche Kleinheit. Was sich aber allen Worten und Vorstellungen entzieht, ist unbedingte Kleinheit und Größe.
Darum läuft der Wandel eines großen Mannes zwar nicht darauf hinaus, andere zu schädigen, doch hält er seine Güte und Gnade nicht für etwas unbedingt Großes. Er rührt sich selbst zwar nicht um des Gewinnes willen, doch achtet er jene, die das aus Beruf tun, nicht als gering. Er streitet sich zwar nicht um Gut und Geld, doch hält er seinen bescheidenen Verzicht nicht für etwas unbedingt Großes. In seinen Angelegenheiten verläßt er sich zwar nicht auf andere, doch achtet er es nicht für etwas Großes, daß er aus eigner Kraft sein Leben fristet, und achtet jene nicht gering, die sich aus Gier erniedrigen. In seinem Wandel unterscheidet er sich zwar vom Gewöhnlichen, doch hält er seine Selbständigkeit nicht für etwas unbedingt Großes. In seinem Tun folgt er zwar nicht der Menge, doch achtet er die Kriecher und die Schmeichler, die das tun, nicht als gering.
Ehren und Reichtümer hält er nicht für erstrebenswert, noch Tod und Schande für verabscheuungswürdig. Denn er weiß, daß Recht und Unrecht nicht zu unterscheiden sind, so wie Klein und Groß sich nicht unbedingt abgrenzen lassen.
Ich habe sagen hören: Der Mann des Tao bleibt ungenannt, das höchste Wirken kennt kein Ziel, der große Mann hat kein Selbst.

Das ist Zurückführung des Bedingten auf das Unbedingte.«

Der Flußgott sprach: »Wohin soll man sich dann stellen, innerhalb oder außerhalb der Dinge, um Wert und Unwert, Größe und Kleinheit bestimmen zu können?«
Der Gott des Nordmeers sprach: »Vom Tao aus betrachtet, haben die Dinge weder Wert noch Unwert. Vom Ding aus betrachtet, hält jedes sich selbst für wert, die anderen aber für unwert.
Nach der allgemeinen Anschauung also bestehen Wert und Unwert nicht in sich selbst, sondern nur in der Bedingtheit.
Betrachtet man nun aber alles von der Bedingtheit aus und bezeichnet etwas als groß, weil es unter gewissen Bedingungen als groß erscheint, so gäbe es überhaupt nichts mehr, was nicht groß wäre. Oder aber man bezeichnet etwas als klein, weil es unter gewissen Bedingungen als klein erscheint, so gäbe es überhaupt nichts mehr, was nicht klein wäre.
So kommt die Erkenntnis, daß Himmel und Erde nur wie ein Reiskorn sind, daß die Spitze eines Härchens wie ein mächtiger Berg ist, aus der relativen Betrachtung.
Betrachtet man nun demzufolge alles von der Wechselwirkung aus und bezeichnet etwas als seiend, weil es unter gewissen Wechselwirkungen seiend ist, so gäbe es überhaupt nichts mehr, was nicht seiend wäre. Oder aber bezeichnet man etwas als nichtseiend, weil es unter gewissen Wechselwirkungen nichtseiend ist, so gäbe es überhaupt nichts mehr, was nicht nichtseiend wäre.
So kommt die Erkenntnis, daß Ost und West zwar einander entgegengesetzt sind, aber das eine ohne das andere nicht sein kann, aus der Bestimmung des Verhältnisses der Wechselwirkung.

Betrachtet man aber demzufolge alles von der Subjektivität aus und bezeichnet etwas, weil es subjektiv richtig ist, als richtig, so gäbe es überhaupt nichts mehr, was nicht richtig wäre. Oder aber man bezeichnet etwas als unrichtig, weil es subjektiv unrichtig ist, so gäbe es überhaupt nichts mehr, was nicht unrichtig wäre.

So kommt die Erkenntnis, daß ein gütiger Herrscher und ein schurkischer Tyrann jeder sein eigenes Tun für richtig hält, das des anderen aber für unrichtig hält, aus der subjektiven Betrachtung.

Mit einem Sturmbock kann man wohl eine Stadtmauer einrennen, aber nicht eine Bresche wieder ausfüllen, das heißt, daß es eben ganz verschiedene Geräte gibt.

Ein Renner kann wohl an einem Tage tausend Meilen weit galoppieren, aber Mäuse fangen kann er nicht wie etwa eine Wildkatze. Das heißt, daß es eben ganz verschiedene Fähigkeiten gibt.

Eine Schleiereule kann in dunkler Nacht Flöhe fangen und ganz genau die Spitze eines Härchens erkennen, aber bei hellem Tageslicht starrt sie mit glotzenden Augen und kann nicht einmal einen Berg erkennen. Das heißt, es gibt ganz verschiedene Naturanlagen.

Darum sage ich: Wer sich an das subjektiv Richtige hält und außer Betracht läßt, daß dies falsch sein könnte, wer sich nur an die subjektive Auffassung von Ordnung hält und außer Betracht läßt, daß diese vielleicht gerade Unordnung sein könnte, der hat noch nicht die ewigen Gesetze des Alls und das Wesen der Geschöpfe durchschaut. Das ist so, als wenn man sich an den Himmel halten und die Erde außer Betracht lassen wollte oder als wenn man sich nur an die Kraft des Lichts halten und die Kraft der Finsternis außer Betracht lassen wollte. Es ist

wohl klar, daß das nicht geht. Dennoch unaufhörlich von jenem Standpunkt aus reden, ist Torheit, wenn nicht gar Betrug!
Die Herrscher der Sage entsagten dem Thron auf verschiedene Weise. Die Herrscher der drei Dynastien setzten auf verschiedene Weise die Thronfolge fort. Wich einer von ihnen von den Auffassungen der Zeit ab und handelte dem Herkommen zuwider, so wurde er ein Tyrann genannt. Hielt er sich an die Auffassungen der Zeit, und richtete er sich nach dem Herkommen, so wurde er ein edler Fürst genannt.
O, laß uns davon schweigen, Flußgott!
Denn wie willst du je den Angelpunkt von Wert und Unwert, den festen Grund von Groß und Klein erkennen?«

Der Flußgott sprach: »Ja, aber was soll ich dann tun? Wonach soll ich schließlich mein Urteil und meinen Standpunkt richten?«
Der Gott des Nordmeers sprach: »Was ist, vom Tao aus gesehen, Wert, was Unwert? Doch nur überflüssige Gegensätze! Darum erlahme nicht dadurch im Tao, daß du an deinen subjektiven Vorstellungen hängen bleibst!
Was sind wenig und viel? Doch nur Wörter, die wir beim Danken und Schenken gebrauchen. Darum weiche nicht durch einseitiges Tun vom Tao ab, sondern sei streng objektiv wie der Fürst eines Staates, der keine persönlichen Motive kennt. Sei milde und gerecht wie der Gott der Erde, dem wir opfern, der allen gleichmäßig seinen Segen spendet. Sei großzügig wie der unendliche Raum, der alles gleichmäßig umfängt. Wer alle Dinge gleichmäßig umfaßt, was sollte der dann noch besonders begünstigen?
Das ist, was ich Unbedingtheit nenne.
Wer alle Dinge gleichmäßig betrachtet, was sollte der noch als kurz, was als lang bezeichnen?

Das Tao hat keinen Anfang und kein Ende, nur für Geschöpfe gibt es Leben und Tod, und die Vollendung ihres Lebens ist ungewiß. So ist ihr Leben einmal kurz wie ein Nichts und einmal reiche Fülle – von unbestimmtem Inhalt. Die Jahre lassen sich nicht aufheben, die Zeit läßt sich nicht aufhalten. Welken und Blühen, Fülle und Nichts reihen sich stets von neuem aneinander.

Das ist das, was ich mit dem Namen ›das Walten der Natur‹ und ›das Gesetz alles Geschaffenen‹ bezeichne.

Das Leben aller Wesen eilt dahin wie ein durchgehendes Pferd. Keine Regung ist ohne Wechsel, kein Augenblick ist ohne Veränderung.

Was du da tun sollst? Was du nicht tun sollst?

Laß nur der ewigen Wandlung ihren Lauf!«

Der Flußgott sprach: »Worin besteht nun aber der Wert des Tao?«

Der Gott des Nordmeers sprach: »Wer das Tao erkannt hat, der wird die Naturgesetze verstehen, wer die Naturgesetze verstanden hat, der wird das Wechselspiel der Kräfte durchschauen, wer das Wechselspiel der Kräfte durchschaut hat, der wird nicht um der Dinge willen sein naturgegebenes Selbst schädigen.

Wer höchste innere Kraft hat, den kann Feuer nicht verbrennen, Wasser nicht ertränken, Hitze und Kälte können ihm nicht schaden, und wilde Tiere können ihm kein Leid antun. Das soll nicht heißen, daß er dies alles gering schätzt. Es bedeutet, daß er genau prüft, wo er Ruhe findet und wo ihn Gefahr erwartet, daß er überdies Unheil und Segen mit Gleichmut hinnimmt und daß er schließlich sorgsam darauf achtet, was er zu lassen und zu tun hat, so daß nichts ihm schaden kann.

Darum sage ich, das Himmlische ist etwas Innerliches, das Menschliche ist etwas Äußerliches. Beruht die innere Kraft auf dem Himmlischen, so kann man die Wege des Himmlischen und des Menschlichen erkennen. Wer im Himmlischen wurzelt und sich auf die innere Kraft gründet, der kommt scheinbar ziellos, doch mit sicherem Instinkt auf das Wesentliche zurück, und von ihm kann man sagen, er hat das Höchste erreicht.«

Der Flußgott fragte: »Was nennst du das Himmlische, was nennst du das Menschliche?«
Der Gott des Nordmeers sprach: »Rinder und Pferde haben vier Beine, das nenne ich Himmlisches. Den Pferden die Köpfe zäumen, den Rindern die Nasen durchbohren, das nenne ich Menschliches.
Darum sage ich: Zerstöre nicht durch Menschliches das Himmlische! Vernichte nicht zu irgendwelchen Zwecken dein Leben! Strebe nicht nach Ruhm auf Kosten deines Innern, bewahre es vielmehr und hüte dich, es zu verlieren!
Das nenne ich: Auf das wahrhaft Wesentliche zurückkommen.«

DER HÖCHSTE SIEGER

Das Einbein beneidet den Tausendfuß, der Tausendfuß beneidet die Schlange, die Schlange beneidet den Wind, der Wind beneidet das Auge, das Auge beneidet den Gedanken.
Das Einbein sprach zum Tausendfuß: »Ich habe Mühe, mit meinem einen Bein zu gehen, denn manchmal will es nicht so wie ich. Wie machst du es nur, all deine zahllosen Füße jeden einzeln zu bewegen?«
Der Tausendfuß sprach: »Das tue ich auch gar nicht. Hast du

noch nie einen Mann seinen Speichel ausspeien sehen? Der Speichel besteht aus lauter Tröpfchen, die größten von ihnen sind so groß wie Perlen, die kleinsten wie feine Nebeltröpfchen, und doch kommen sie alle zusammen heraus, ohne daß man sie zählen könnte. So setze ich einfach das natürliche Triebwerk in Gang, ohne daß ich weiß, wie es sich im einzelnen auswirkt.«

Der Tausendfuß sprach zur Schlange: »Wie kommt es, daß ich mit all meinen vielen Füßen doch nicht so schnell bin wie du, die du doch gar keine Füße hast?«

Die Schlange sprach: »Die naturgegebenen Triebkräfte lassen sich nicht vertauschen, was brauche ich da Füße?«

Die Schlange sprach zum Wind: »Wenn ich mich durch die Bewegung meines Rückgrats und meiner Rippen fortbewege, habe ich immer noch ein greifbares Mittel. Wie aber kommt es, daß du ohne greifbares Mittel dich brausend im Nordmeer erhebst und dich brausend ins Südmeer stürzt?«

Der Wind sprach: »Ja, ich erhebe mich brausend im Nordmeer und stürze mich brausend ins Südmeer. Aber wer mir zu gebieten und auf mir zu schweben vermag, der ist mir noch über, obwohl ich allein imstande bin, die größten Bäume zu brechen und die höchsten Häuser zu stürzen.«

Darum ist der größte Sieger der, den eine Menge von Geringeren nicht zu besiegen vermag. Größter Sieger kann allein der Berufene sein!

DIE HEILIGE SCHILDKRÖTE

Als Tschuang-tse einst an einem Flusse angelte, kamen zwei hohe Würdenträger als Abgesandte des Königs eines mächti-

gen Staates im Süden mit der Botschaft, der König wolle ihm die innere Verwaltung seines Landes übertragen.
Tschuang-tse hielt seine Angelrute, ohne aufzublicken, fest und sprach: »Ich habe gehört, in eurem Lande gibt es eine heilige Schildkröte. Die ist nun wohl schon dreitausend Jahre tot. Der König aber bewahrt sie in Tücher gewickelt in einem Schrein in seiner Tempelhalle auf.
Was meint ihr nun, was wäre dieser Schildkröte lieber, tot zu sein und durch die Aufbewahrung ihrer Gebeine geehrt zu werden, oder zu leben und ihr Hinterteil durch den Morast zu schleifen?«
Die beiden Würdenträger sprachen: »Es wäre ihr wohl lieber, zu leben und ihr Hinterteil durch den Morast zu schleifen.«
Tschuang-tse sprach: »Geht eurer Wege. Ich ziehe vor, mein Hinterteil durch den Morast zu schleifen!«

DIE FREUDE DER FISCHE

Tschuang-tse lustwandelte einst mit seinem Freunde Hui-tse auf einer Brücke.
Tschuang-tse sprach: »Wie munter springen und tummeln sich die flinken Fische! Das ist die Freude der Fische.«
Hui-tse sprach: »Du bist kein Fisch, wie kannst du da der Fische Freuden kennen?«
Tschuang-tse sprach: »Du bist nicht ich, wie kannst du wissen, ob ich nicht doch der Fische Freuden kenne?«
Hui-tse sprach: »Ich bin nicht du, und darum kann ich dich allerdings nicht völlig kennen. Aber fest steht, daß du kein Fisch bist, und damit ist vollkommen klar, daß du der Fische Freuden nicht kennen kannst.«

Tschuang-tse sprach: »Bitte, laß uns zum Ausgangspunkt zurückkehren! Du sagtest: ›Wie kannst du denn der Fische Freuden kennen?‹ Du wußtest dabei schon im voraus, ob ich sie kenne, und fragtest doch.
Ich kenne der Fische Freuden aus meiner Freude, ihnen von der Brücke aus zuzusehen!«

DAS HÖCHSTE GLÜCK

Gibt es auf Erden überhaupt ein höchstes Glück? Und wenn, liegt es darin, das Leben zu bewahren? Und wenn es darin liegt, was soll man tun, was soll man lassen? Was soll man meiden, an was soll man sich halten? Wem soll man sich zuwenden, wovon soll man sich abwenden?
Was ist denn eigentlich Glück, und was ist Unglück?
Auf Erden sind Reichtum und Ehre, langes Leben und Tüchtigkeit hochgeschätzt. Gesundheit, leibliche Genüsse, schöne Kleider und Lust der Sinne gelten als Glück. Armut und Niedrigkeit, früher Tod und Schlechtigkeit sind tief verabscheut. Und wem Gesundheit, leibliche Genüsse und Sinnenlust versagt sind, der empfindet das als bittres Leid.
So machen sich jene, denen diese irdischen Glücksgüter versagt sind, Kummer und Sorgen.
Mag es auch scheinbar um des leiblichen Lebens willen geschehen, im Grunde ist es doch nur Betörung.
Aber auch die Reichen quälen sich ab und sammeln mühselig Schätze an, die ihnen am Ende doch nutzlos sind.
Mag es auch scheinbar um des leiblichen Lebens willen geschehen, im Grunde geht es doch nur um Äußerlichkeiten.
Aber auch die Vornehmen grübeln fortgesetzt Tag und Nacht darüber nach, was ihnen Erfolg bringt und was nicht.

Mag es auch scheinbar um des leiblichen Lebens willen geschehen, im Grunde vernachlässigen sie es doch gerade.
Mit der Geburt des Menschen wird auch das Leid geboren. Je länger er lebt, um so mehr stumpft er dagegen ab, aber je länger er lebt, um so länger ist auch seine Sorge um das Sterben. Welch bitteres Leid macht er sich nicht darum!
Mag es auch scheinbar um des leiblichen Lebens willen geschehen, in Wirklichkeit ist es doch weit entfernt davon.
Helden gelten auf Erden für tüchtig, aber sie können noch nicht einmal ihr eignes Leben bewahren. Darum weiß ich nicht, ob ihre Tüchtigkeit nun wirklich Tüchtigkeit ist oder nicht. Denn will man sie tüchtig nennen, so steht dem entgegen, daß sie noch nicht einmal ihr eignes Leben bewahren konnten. Will man sie als untüchtig bezeichnen, so steht dem entgegen, daß sie das Leben anderer retten konnten.
Darum sage ich: Bleibt treue Warnung unbefolgt, so bleibe still, laß den Dingen ihren Lauf und rede nicht mehr gegen sie an. Schon mancher aufrechte Mann, den die Geschichte rühmt, hat sich durch Gegenreden um Leib und Leben geredet. Aber hätte er nicht geredet, wäre er auch nicht berühmt geworden. War er nun wirklich tüchtig oder nicht?
Nun weiß ich ebensowenig, ist das, was alle tun und was alle für Glück halten, auch wirklich Glück oder nicht?
Wenn ich es recht betrachte, was alle für Glück halten, dem sie in Scharen nachrennen, für das sie ihr Leben einsetzen, als könnte es eben nicht anders sein, von dem alle sagen: »Das ist das Glück«, so kann ich weder Glück noch Unglück darin sehen.
Gibt es dann überhaupt noch Glück?
Ich halte das Nichthandeln für das wahre Glück, also gerade das, was alle für das höchste Unglück halten.

Und darum sage ich: Höchstes Glück ist, kein Glück kennen, höchster Ruhm ist, keinen Ruhm kennen.
Vom Irdischen aus lassen sich zwar Wahr und Falsch nicht bestimmen, wohl aber vom Nichthandeln aus lassen sich Wahr und Falsch bestimmen. Ebenso ist das höchste Glück, wenn es in der Wahrung des Lebens liegt, nur durch Nichthandeln zu erhalten.
Laß es mich einmal weiter ausführen!
Der Himmel hat, ohne zu handeln, seine Klarheit, die Erde hat, ohne zu handeln, ihre Festigkeit. Wenn beide sich, ohne zu handeln, vereinigen, entstehen alle Wesen. Unfaßbar-unbegreiflich – bleibt unerkennbar, woher sie kommen.
Unfaßbar-unbegreiflich ist ihr Werden, ohne sichtbare Spur – und doch wächst aller Geschöpfe unerschöpfliche Fülle aus dem Nichthandeln hervor.
Und darum sage ich: Himmel und Erde handeln nicht, und doch bleibt nichts ungetan.
Wer aber unter den Menschen vermöchte das Nichthandeln zu erfassen?

STERBEN UND SCHICKSAL

Als Tschuang-tses Frau gestorben war und Hui-tse ging, sein Beileid zu bezeugen, saß Tschuang-tse mit ausgestreckten Beinen auf der Erde, trommelte auf einem Tontopf und sang dazu.
Da sprach Hui-tse: »Deine Frau hat doch mit dir das Leben geteilt, Kinder groß gezogen und ist mit dir alt geworden! Daß du, da sie gestorben ist, nicht klagst, ist schon genug. Daß du noch überdies auf einem Tontopf trommelst und dazu singst, geht doch wohl zu weit.«

Tschuang-tse sprach: »Nein. Zwar, als sie eben gestorben war, da war ich genau wie jeder andere auch zutiefst erschüttert. Als ich mich dann aber auf den Ursprung ihres Lebens besann, da fand ich, ursprünglich war sie leblos und nicht nur leblos, sondern ursprünglich auch gestaltlos und nicht nur gestaltlos, sondern ursprünglich auch wesenlos. Durch zeugende Vermischung im unfaßbar Unbegreiflichen ward sie und hatte Wesen, das Wesen wandelte sich zu Gestalt, und die Gestalt zu Leben. Nun abermals kam eine Wandlung, und sie starb. Die Aufeinanderfolge ist wie das ewige Gesetz von Frühling, Sommer, Herbst und Winter.
Nun ruht sie friedlich aus im großen Raum des Alls. Dennoch jammernd fortgesetzt zu klagen, käme mir vor, als wollte ich das Schicksal nicht begreifen, und darum ließ ich es.«

DER TOTENSCHÄDEL

Auf einer Reise fand Tschuang-tse einen leeren Totenschädel, der zwar verwittert war, doch seine Form noch hatte. Mit seinem Stecken rührte er ihn an und sprach:
»Hast du in wilder Gier nach Leben die Vernunft verloren, daß du hier liegst?
Bist du für Hochverrat vom Henkerbeil gerichtet, daß du hier liegst?
Warst du ein Schurke und brachtest Schande über Vater, Mutter, Weib und Kinder, daß du hier liegst?
Bist du durch Frost und Hunger umgekommen, daß du hier liegst?
Oder haben deine Jahre nach zubestimmtem Schicksal hier geendet?«

Dann schwieg er, legte sich den Schädel wie ein Kissen unters Haupt und schlief ein.

Um Mitternacht erschien ihm der Schädel im Traum und sprach: »Du hast geredet wie ein Schwätzer. All deine Worte handelten nur von den Sorgen der Lebenden. Im Tode aber gibt es nichts derart. Möchtest du mich vom Tode erzählen hören?«

Tschuang-tse sprach: »Ja.«

Der Schädel sprach: »Im Tode gibt es weder oben noch unten, weder Fürsten noch Knechte. Auch gibt es nicht die Erscheinung des Wechsels der vier Jahreszeiten. Denn der Tod ist raum- und zeitlos. Selbst ein König auf seinem Throne kennt nicht größeres Glück.«

Tschuang-tse glaubte ihm nicht und sprach: »Wenn ich der Lenker des Schicksals wäre und deinen Leib wieder zum Leben erwecken, dir wieder Fleisch und Bein und Haut und Sehnen machen, dir wieder Vater, Mutter, Weib und Kinder, Nachbarn und Freunde geben würde, das würdest du doch sicher gerne wollen?«

Der Schädel starrte aus weiten Augenhöhlen mit finsteren Brauen und sprach: »Wie sollte ich mein königliches Glück wegwerfen wollen, um wieder alle Mühsal der Menschenwelt zu tragen?«

LEBEN UND TOD

Das Leben folgt dem Tode, und der Tod geht dem Leben voran, wer aber kennt den, der beide ordnet? Das Leben der Menschen ist eine Verdichtung des Odems. Verdichtet er sich, kommt es zum Leben, löst er sich auf, kommt es zum Tode.

Wenn so Tod und Leben einander folgen, warum sollte man sich Kummer darum machen?
Also sind alle Wesen eins. Was wir an ihnen schön finden, sind das Göttliche und das Schöpferische, was wir an ihnen häßlich finden, sind Fäulnis und Verwesung. Aber Fäulnis und Verwesung wandeln sich wieder zu Göttlichem und Schöpferischem, und das Göttliche und das Schöpferische wird wieder zu Fäulnis und Verwesung.
Darum sage ich: Die ganze Welt ist von einem einzigen Lebensodem durchdrungen. Daher preisen die Heiligen die Einheit.

DAS TAO

Jemand fragte Tschuang-tse und sprach: »Wo ist zu finden, was du Tao nennst?«
Tschuang-tse sprach: »Es ist überall.«
Jener sprach: »Gib mir ein ganz konkretes Beispiel!«
Tschuang-tse sprach: »Es ist in dieser Ameise.«
Jener sprach: »Und wo noch tiefer?«
Er sprach: »Es ist in diesem Unkraut.«
Jener sprach: »Gib mir ein noch geringeres Beispiel!«
Er sprach: »Es ist in diesem Tonscherben.«
Jener sprach: »Wo ist sein allergeringster Ort?«
Er sprach: »Es ist in diesem Kothaufen.«
Als jener nicht mehr antwortete, sprach Tschuang-tse: »Deine Fragen treffen keineswegs sein Wesen. Du kommst mir vor wie der Marktaufseher, der, als ihn der Oberaufseher fragte, warum er die Schweine an den Füßen befühle, sagte, je weiter unten man sie auf ihr Fett befühle, desto besser lasse sich feststellen, ob sie auch wirklich fett seien. Du darfst aber nichts

einzeln bestimmen wollen, was von der Gesamtheit aller Wesen untrennbar ist.
Und so ist auch das höchste Tao, oder ob wir es ›groß‹ nennen, bleibt sich gleich. Denn auch ›vollkommen‹, ›allumfassend‹ und ›gesamt‹ sind zwar verschiedene Ausdrücke, die aber dem Inhalt nach gleich sind und nur seine Einheit ausdrücken sollen.
Laß uns einmal gemeinsam in den weiten Raum des Nichts wandern und alles in Einem zusammenfassend über des Taos Unendlichkeit reden!
Laß uns einmal gemeinsam im Nichttun aufgehen, in Einfalt und Stille, in Versunkenheit und Reinheit, in Harmonie und Ruhe, dann verliert unser Wille sein Streben, planlos gehen wir ein und kennen kein Ziel. Wir gehen und kommen und kennen kein Ende, wir lassen uns im Unendlichen treiben und gehen durch höchstes Wissen ein im Tao, und doch erkennen wir nicht sein Letztes.
Das, was die Dinge erst zu Dingen macht, hat selber keine dingliche Begrenzung. Doch Dinge, die Grenzen haben, die nennt man eben dinglich begrenzt. Aber die Grenze des Unbegrenzten ist eben Unbegrenztheit der Grenzen.
Man spricht von Fülle und Leere, von Welken und Vergehen. Aber jenes, das Fülle und Leere schafft, ist nicht selber voll oder leer. Jenes, das Welken und Vergehen bewirkt, welkt und vergeht nicht selber... Jenes, das Sammeln und Zerstreuen bewirkt, ist weder selber Sammeln noch Zerstreuen.«

TSCHUANG-TSES TOD

Als Tschuang-tse im Sterben lag und seine Jünger die Absicht äußerten, ihn prächtig zu bestatten, sprach er: »Himmel und

Erde werden mein Sarg, Sonne und Mond mein königlicher Totenschmuck, die Sterne mein Geschmeide sein, und alle Geschöpfe werden mir das Trauergeleit geben. Ist damit nicht alles vollzählig? Was gäbe es noch hinzuzufügen?«

Die Jünger sprachen: »Wir fürchten, daß Krähen und Raben unsern Meister fressen werden.«

Tschuang-tse sprach: »Über der Erde würde ich Krähen und Raben füttern, unter der Erde Würmer und Ameisen. Warum so parteiisch sein und die einen zugunsten der anderen berauben?«

NACHWORT

Tschuang-tse (sprich: Dschwang-ds), das heißt Meister Tschuang, mit eigentlichem Namen Tschuang Tschou (sprich: Dschwang Dschou), hat in der zweiten Hälfte des vierten bis etwa in den Beginn des dritten vorchristlichen Jahrhunderts in China gelebt. Außer dem, was wir aus seinem Werk über ihn wissen, ist uns nur wenig über sein Leben bekannt.

In seiner Jugend hat er wohl eine niedere Staatsstellung inne gehabt, die er aber bald aufgab, ohne je wieder ein Amt zu bekleiden. Er zog es vor, in Freiheit sich selbst zu leben, wenn auch durchaus nicht als ein der Welt entflohener Einsiedler. Wie aus der Erzählung vom Tode seiner Frau (S. 66) hervorgeht, war er verheiratet – nach der Legende sogar mehrfach – und hatte Kinder. Trotz bescheidener Verhältnisse, in denen er gelebt zu haben scheint, lehnte er verlockende Angebote auf Staatsstellen ab (S. 62), so seine Lehre durch die Folgerichtigkeit des eignen Lebens bekräftigend.

Seine Lehren sind nicht Urworte der Philosophie wie etwa die des dunklen Lao-tse (sprich: Lau-ds). Sein Leben fällt vielmehr in eine politisch reich bewegte und geistig äußerst regsame Zeit.

Im Verfall der Tschou-Dynastie (etwa 1050–250 v. Chr.) hatten sich aus früheren Lehensgebieten eine Reihe von mächtigen Staaten gebildet, die sich mit allen Mitteln des Krieges und der Intrige untereinander bekämpften. Ihre Höfe bildeten daher Sammelpunkte für Abenteurer und Glücksritter aller Art, aber zugleich auch Mittelpunkte eines glänzenden geistigen und kulturellen Lebens.

Der fortschreitende Zerfall der überkommenen Gesellschafts- und Staatsformen erweckte Zweifel an der Gültigkeit der überlieferten sittlichen Normen überhaupt, und im besondern das Bedürfnis, die neuen staatlichen Formen dialektisch und ethisch zu begründen. Das Denken war damit vor völlig neue Aufgaben gestellt. Die verschiedenen Schulen versuchten diesen Aufgaben nach ganz verschiedenen Richtungen gerecht zu werden.

Um nur neben dem Urtaoismus die für das Verständnis Tschuang-tses wichtigsten zu nennen: die Konfuzianer vertraten in ihrem Traditionalismus die Forderungen der Geschichte, die Rechtsschule in ihrer Lehre vom positiven Recht die Forderungen des Staates und die Sophisten im Streben nach persönlichem und politischem Gewinn die Forderungen der wildbewegten Zeit. Sie traten zweifellos, den Zeitläuften entsprechend, am stärksten hervor und zwangen die andern Richtungen am schärfsten zur Auseinandersetzung. Mit einem der berühmtesten Sophisten, Hui-tse, scheint Tschuang-tse über alle Gegensätze der Weltanschauung hinweg eine herzliche Freundschaft verbunden zu haben. Tschuang-tse hatte in seiner Heimat, die einer der hervorragendsten Mittelpunkte des geistigen Lebens seiner Zeit war, reiche Gelegenheit, die mannigfachen Ströme, in die das Geistesleben sich verzweigte, kennen zu lernen. Immer wieder zeigt sich in seinen Aussprüchen, mit welcher souveränen Meisterschaft er das Gedankengut der Zeit nicht nur beherrscht, sondern auch überwindet.
Vielleicht anfangs aus der konfuzianischen Schule hervorgegangen – das Bewußtsein des gemeinsamen Ursprungs aller Richtungen scheint indes noch durchaus lebendig –, wendet sich Tschuang-tse doch unbefriedigt von der naiven Nüchternheit, der pedantischen Enge und dem komplizierten Ritualismus der Erben der konfuzianischen Lehre ab, sucht seine eigenen Wege und setzt sich mit allen Richtungen in überlegener Größe auseinander.
War so für den Keim seiner Gedanken der Boden vorbereitet, so verfällt er doch keineswegs einem flachen Eklektizismus oder gar einem kraftlosen Synkretismus, sondern erweist sich vielmehr als der selbständigste Denker, der klarste Kopf und zugleich der größte Dichter, den China wohl je hervorgebracht hat. Als Dichter von unerreichter Gestaltungskraft und unvergleichlicher Tiefe ist er auch in allen Jahrhunderten der chinesischen Geschichte, selbst von Anhängern entgegengesetzter Richtungen, geschätzt worden. Rund tausend Jahre nach seinem Tode wurde von einem Kaiser der T'ang-Dynastie sein Geburtsort Nan-hua genannt; Tschuang-tse selbst

erhielt den Titel ›Nan-hua Tschenjen‹ (das heißt: Der wahre Mensch von Nan-hua), und seine Schriften erhielten den Titel ›Nan-hua Tschen-king‹ (das heißt: Das klassische Buch des Wahren Menschen von Nan-hua). Nan-hua ist oft mit ›Südliches Blütenland‹ wiedergegeben worden, besser wäre ›Pracht des Südens‹, wenn es als Ortsname nicht überhaupt besser unübersetzt bleibt. Es liegt übrigens nicht in Südchina, sondern nahe am Hoangho im äußersten Süden der Provinz Hopei (früher Tschi-li).

Das Dichterische in Tschuang-tses Werk ist aber keineswegs nur Sache der Form, des künstlerischen Ausdrucks, wenn auch das Nan-hua Tschen-king zum weitaus größten Teil in von wuchtigen Versen gebundener Rede gehalten ist; es ist vielmehr auch – wie bei Plato – eine Sache der Erkenntnis, der Schau, des metaphysischen Wissens. Auch Tschuang-tse strebt aus den Irrgängen der Sophistik fort ins Wesentliche. Aber der Weise von Nan-hua baut nicht wie der Athener seine jenseits der Erfahrung liegende ideelle Überwelt der Wirklichkeit auf, er sucht nicht eine Welt der wahren Wesen, er sucht das wahre Wesen der Welt. Hier liegt wohl der wesentliche Unterschied zwischen dem griechischen Philosophen und dem chinesischen, der nie zum Begriff vorstieß, der vielmehr das All in Einem zu begreifen suchte, denn er bleibt immer in die Natur eingefügt, aus ihr vermag ihn auch sein Geist nicht loszulösen. Ja, alles ›Wundern‹ über die Welt verstärkt nur seine Sehnsucht nach der ›Weisheit der Natur‹, von der Schopenhauer sagte, daß sie »aus der Ruhe des Blickes der Tiere spricht«. So geht sein Weg über die Kritik an der Wahrnehmung und der Vorstellung über Relativismus und Skeptizismus zur mystischen Versenkung, zur mystischen Einheit mit dem allein Wesentlichen. Notwendigerweise kann ihm dann nicht die Erkenntnis aus der Analyse, sondern nur aus der Synthese kommen. Die Synthese, die Coincidentia oppositorum, die Tschuang-tse mehrfach ganz scharf und klar formuliert (u. a. S. 9), liegt im Tao (sprich: Dau). Ein Begriff von einem Reichtum des Inhalts und einer Weite der Grenzen, wie sie nur chinesischen Begriffen eigen ist. Es ist unmöglich, ihn durch *einen* angemessenen Ausdruck in einer europäischen Sprache wiederzugeben. Trotz gewisser Ähnlichkeiten entspricht er auch nicht dem Logos.

Ursprünglich eine große Bahn, ist der Begriff als Urbegriff des philosophischen Denkens der Chinesen wohl früh schon ausgeweitet. Das Tao umfaßt bei Tschuang-tse den rhythmischen Ablauf des Naturgeschehens, das Gesetz, nach dem sich dieser Ablauf vollzieht, die Ordnung des Kosmos. Es ist Natura naturans und Natura naturata in einem. In ihm und durch es ist alles, und in ihm und durch es wird alles begriffen. Vor ihm verblassen alle Wahrnehmungen der relativen Welt und alle Vorstellungen der Vernunft. Leben und Tod verlieren ihren Wert und erhalten erst recht ihren wahren Sinn.

Man hat Tschuang-tse gelegentlich den Vorwurf des Zynismus gemacht, doch wohl mit Unrecht. So beißend und scharf er gegen seine Zeit und seine Gegner sein konnte, so hat doch der Zynismus als Lebenshaltung in seiner Weltanschauung keinen Raum. Die Erzählung von seinem Tode (S. 70) sollte neben anderem als Beleg für seine zynische Einstellung dem Tode gegenüber gelten. Man übersah dabei aber anscheinend über dem Spott gegen jene, die über der Form das Wesen vergessen, den tieferen Sinn von Tschuang-tses Worten, nämlich: das Versinken im Schoß der Allnatur, das mit einer von stiller Beglücktheit überglänzten Schwermut wissend empfunden ist. Naturfrömmigkeit kann kaum tiefer empfunden und größer ausgedrückt werden. Diese Frömmigkeit ist in ihrer völligen Ergebenheit Religion, wenn auch das unpersönliche Gefühl der Eingefügtheit in das All kaum das Bedürfnis nach persönlicher Gemeinschaft aufkommen läßt. In Tschuang-tses Denken steht ja nie ein individueller Persönlichkeitsbegriff obenan! Mag es auch ungewiß bleiben, ob seine Versenkung mit magischer Ekstase zu tun hat – wann löste sich der Geist des Ostens je ganz aus der Magie?

Die Frage aber, ob Tschuang-tse die Seelenwanderung verfocht, ist vollends gegenstandslos. Soweit die Annahme sich nicht nur auf willkürliche Interpretation oder Übersetzungsfehler gründet, widerlegt sie sich von selbst eben durch den immer wieder ausgesprochenen Grundgedanken von dem unpersönlichen Versinken in das All: »Ich habe gerade mein Ich begraben.« (S. 7.) Dem Versinken geht ein inniges Versenken in das Weben der Natur voraus, wie unter vielem anderen die anmutige Erzählung von der Freude der Fische erkennen läßt. Nicht allein Versenken in die Umwelt der Natur, sondern auch Versenken in das Wirken der Natur im Menschen, das Himmlische, das Stück Natur im Menschen, das, durch Menschliches verkümmert, nur durch Nichthandeln, den absoluten Zustand und Standpunkt zugleich, wieder aus dem Herzen quellend zum Durchbruch gelangen kann. Dieses Tê, bei den Konfuzianern konkret ethisch betont, hat bei Tschuang-tse insofern ethischen Sinn, als es jenseits von Gut und Böse liegt. Als die Auswirkung, die Emanation des Tao, ist auch dieser Begriff so inhaltsreich und gerade von Tschuang-tse so vielseitig verwendet, daß es ebenfalls unmöglich ist, ihn durchgehend mit *einem* Ausdruck wiederzugeben. Die Übersetzung mußte ihn daher von Fall zu Fall wechselnd wiedergeben im ständigen Bemühen, ohne Setzung im Vornherein dem Sinn gerecht zu werden.

Die Möglichkeit des Irrtums wird dabei freimütig zugegeben. Denn Tschuang-tse gehört anerkanntermaßen zu dem Schwierigsten, was die chinesische Literatur überhaupt aufzuweisen hat. Einmal seiner eigenwilligen, von seltenen Ausdrücken und mundartlichen Eigenheiten strotzenden, blühend reichen Sprache, zum andern seines lapidaren Stiles wegen, den oft die trächtige Fülle der Gedanken zu sprengen droht. Immerhin haben wir uns bemüht, die Möglichkeit des Irrtums unter das normale Maß auf ein Minimum zu verkleinern, indem wir alle zu Gebote stehenden Hilfsmittel erschöpfend auszuwerten suchten.

Die Tschuang-tse-Forschung hat in den letzten Jahrzehnten in Ostasien bemerkenswerte Fortschritte gemacht. So lag uns neben den üblichen Ausgaben eine textkritische Ausgabe von chinesischer Hand vor und vier voneinander unabhängige, reich kommentierte japanische Übersetzungen, die sich im Verlauf der Arbeit bei kritischer

Benutzung als unschätzbare Fundgruben erwiesen, da sie in reichem Maße Beherrschung des Stoffes mit wissenschaftlicher Gründlichkeit vereinen.

So mögen diese uns erst jetzt zu Gebote stehenden Hilfsmittel als Erklärung für die oft recht erheblichen Abweichungen von den früheren europäischen Übersetzungen dienen, die naturgemäß alle mehr oder weniger daran kranken mußten, daß der Mangel zuverlässiger und gediegener Hilfsmittel der eigenen Auffassung allzu großen Spielraum ließ.

Zur Form der Übersetzung sei hier nur so viel gesagt, daß, dem Zweck der Lesbarkeit entsprechend, aller gelehrte Ballast, alles, was nur zu umständlichen Anmerkungen geführt hätte, ohne mit Tschuang-tses Gedanken in irgendeiner Beziehung zu stehen, weggelassen oder aber sinnvoll in den Zusammenhang eingefügt worden ist.

Die Auswahl beschränkte sich mit Ausnahme eines Stückes (S. 69), das zweifelhaft sein mag, doch sehr wohl von Tschuang-tse sein könnte, auf Stücke von zweifelfreier Echtheit.

Nach bibliographischen Notizen aus der Han-Zeit (etwa 200 vor bis 200 nach Chr.) sollen die Schriften Tschuang-tses ursprünglich aus zweiundfünfzig Kapiteln bestanden haben. Erhalten sind uns dreiunddreißig Kapitel in drei Abschnitten. Der erste Abschnitt gilt sicher als echt, vom zweiten gelten die meisten Stücke als echt und vom dritten die meisten Stücke als unecht.

Die Auswahl aus den echten Stücken ist unter dem Gesichtspunkt vorgenommen, ein in sich geschlossenes Bild der Weltanschauung Tschuang-tses zu vermitteln; mag er darum für sich selber sprechen.

INHALT

(Die römischen Zahlen geben die Kapitel des chinesischen Urtextes an)

Die neuesten Bände der
INSEL-BÜCHEREI

Marie Luise Kaschnitz: Florens. Eichendorffs Jugend. Mit 11 Skizzen aus Eichendorffs Jugendtagebuch. IB Nr. 1157.

Rainer Maria Rilke: Über Gott. Zwei Briefe. Mit einem Vorwort von Carl Sieber. IB Nr. 1160.

Joachim Ringleben: Dornenkrone und Purpurmantel. Theologische Betrachtungen zu Bildern von Grünewald bis Paul Klee. Mit farbigen Abbildungen. IB Nr. 1159.

Frauen mit Blumen. Bilder einer polnischen Bäuerin. 23 farbige Abbildungen. Mit einem Nachwort herausgegeben von Hans-Joachim Schauß. IB Nr. 1158.

Wolfgang Hildesheimer: Janssen und wir. Hg. von Thomas C. Garbe. IB Nr. 1161.

Mitteilungen für Freunde der IB. Heft 13. Hg. von Jochen Lengemann.

Gerhard Richter: Abstraktes Bild 825-11. 69 Details. Mit 70 Farbtafeln. Nachwort von Hans-Ulrich Obrist. IB Nr. 1166.

Rainer Maria Rilke und Lally Horstmann: Eine Begegnung in Val-Mont. Herausgegeben von Ursula Voß. Mit sechs Abbildungen. IB Nr. 1169.

Francesco Petrarca: An Francesco Dionigi von Borgo San Sepolcro in Paris. Die Besteigung des Mont Ventoux. Mit 12 farbigen Fotografien von Constantin

Beyer. Zum Lesen empfohlen von Rainer Maria Rilke, Nachbemerkung von Horst Nalewski. IB Nr. 1163.

Jakob Böhme: Wege zum wahren Selbst. Aus den Schriften des Mystikers und Theosophen. Hg. und eingeleitet von Gerhard Wehr. IB Nr. 1164.

Norbert Elias: Die Ballade vom Armen Jakob. Illustrationen und Buchgestaltung von Karl-Georg Hirsch. Mit einem Nachwort von Hermann Korte. IB Nr. 1165.

Franz Schubert: Briefe, Gedichte, Notizen. Auswahl, Erläuterungen und Nachwort von Rüdiger Görner. Mit 10 Abbildungen. IB Nr. 1167.

Mitteilungen für Freunde der IB. Heft 14. Hg. von Jochen Lengemann.

Johannes Brahms: Ausgewählte Briefe. Mit Abbildungen. Hg. von Rüdiger Görner. IB Nr. 1171.

Wasser ist Leben. Mit 22 farbigen Bildern von Friedrich Hechelmann und einem Nachwort von Gisela Linder. IB Nr. 1173.

Karl Krolow: Gedichte, die von Liebe reden. Mit einem Frontispiz von Pablo Picasso. Auswahl und Nachwort von Charitas Jenny-Ebeling. IB Nr. 1174.

Leben und Legende der heiligen Elisabeth. Nach Dietrich von Apolda. Mit 14 farbigen Miniaturen. Übersetzt und mit einem Nachwort versehen von Rainer Kößling. IB Nr. 1172.

Martin Walser: Umgang mit Hölderlin. Zwei Reden. IB Nr. 1176.

Oskar Kokoschka: Die träumenden Knaben und Der weiße Tiertöter. Geschrieben und gezeichnet von Oskar Kokoschka. Mit acht farbigen und zwei schwarzweißen Abbildungen. IB Nr. 1170.

Mitteilungen für Freunde der IB. Heft 15. Hg. von Jochen Lengemann.

Gerhard Altenbourg: Entwurf eines einsamen Lebens. Bilder und Texte. Herausgegeben von Dieter Brusberg. Mit 27 farbigen Abbildungen. IB Nr. 1168.

José Maria Eça de Queiroz: Die Rose. Mit zehn farbigen Fotografien von Marion Nickig. IB Nr. 1177.

Frauen um Felix Mendelssohn Bartholdy. Vorgestellt in Texten und Bildern von Brigitte Richter. Mit einem Vorwort von Johannes Forner. Mit 26 teils farbigen Abbildungen. IB Nr. 1178.

Leise rieselt der Schnee. Texte und Bilder. Auswahl und Nachwort von Gisela Linder. Mit zehn farbigen Abbildungen. IB Nr. 1179.

Heinrich Heine: Neue Melodien spiel ich. Gedichte. Auswahl von Klaus Briegleb. Mit einem farbigen Frontispiz. IB Nr. 1175.

Mitteilungen für Freunde der IB. Heft 16. Hg. von Jochen Lengemann.

Bertolt Brecht: Buckower Elegien und andere Gedichte. IB Nr. 810.

Mitteilungen für Freunde der IB. Heft 17. Hg. von Jochen Lengemann.

Nietzsche · Cosima · Wagner: Das Tribschener Idyll. Glück und Ende. Eine Textcollage von Dieter Borchmeyer. Mit 12 Abbildungen. IB Nr. 1181.

Rainer Maria Rilke: Die weiße Fürstin. Eine Szene am Meer. Herausgegeben von Manfred Engel. Mit einer farbigen Abbildung von Arnold Böcklin. IB Nr. 1182.

Otto von Bismarck · Ich sehe so viel Schönes, leider ohne Dich. Briefe an Johanna. Ausgewählt und mit einem Nachwort versehen von Jürgen Teller. IB Nr. 1185.

Roter Mohn. Texte und Bilder. Auswahl und Nachwort von Gisela Linder. Mit zehn farbigen Abbildungen. IB Nr. 1183.

Hinter Mauern ein Paradies. Der mittelalterliche Garten. Herausgegeben von Peter Cornelius Mayer-Tasch und Bernd Mayerhofer. Mit zahlreichen, zumeist farbigen Abbildungen. IB Nr. 1184.

Theo Stemmler: Kleine Geschichte des Fußballspiels. Mit zahlreichen, teils farbigen Abbildungen. IB Nr. 1180.

Siegfried Unseld: Goethe und der Ginkgo. Ein Baum und ein Gedicht. Mit Abbildungen. IB Nr. 1188.

Johann Wolfgang Goethe: Geschichte meines Herzens. Briefe an Ernst Wolfgang Behrisch. Hg. und mit einem Anhang versehen von Wilhelm Große. IB Nr. 1189.

Behalte mich ja lieb! Christianes und Goethes Ehebriefe. Auswahl und Nachwort von Sigrid Damm. IB Nr. 1190.

Heinrich Hoffmann: Koch-Rezepte für Lina. Mit Abbildungen. Entdeckt und herausgegeben von Monika Hessenberg. IB Nr. 1186.

Emily Brontë: Ums Haus der Sturm. Gedichte. Englisch und deutsch. Ausgewählt, übertragen und mit einem Nachwort versehen von Wolfgang Held. IB Nr. 1187.

Robert Walser: Märchenspiele. Mit einem Essay von Siegfried Unseld und Illustrationen von Albrecht von Bodecker. IB Nr. 1191.

Adam Mickiewicz: Dich anschaun. Liebesgedichte. Polnisch und deutsch. Übertragen und herausgegeben von Karl Dedecius. IB Nr. 1192.

Mitteilungen für Freunde der IB. Heft 18. Hg. von Jochen Lengemann.

Alexander Puschkin: Der eherne Reiter. Eine Petersburger Erzählung. Aus dem Russischen übertragen und mit einem Nachwort versehen von Rolf-Dietrich Keil. Mit Illustrationen von Alexander Benois. IB Nr. 1195.

Johann Wolfgang Goethe: Die neue Melusine. Mit farbigen Illustrationen von Willi Harwerth. IB Nr. 1198.

Romain Rolland: Goethe und Beethoven. Aus dem Französischen übertragen von Anton Kippenberg. Mit drei Abbildungen. IB Nr. 1193.

August Jacob Liebeskind: Lulu oder Die Zauberflöte. Mit einem Nachwort von Friedrich Dieckmann. IB Nr. 1196.

Karl Kraus: Die chinesische Mauer. Mit Illustrationen von Oskar Kokoschka. Hg. von Friedrich Pfäfflin. IB Nr. 1199.

Martin Walser: Der edle Hecker sowie Episoden aus dem Heckerzug, zehn Bilder nach den Lithografien von Johannes Grützke. IB Nr. 1197.

Mitteilungen für Freunde der IB. Heft 19. Hg. von Jochen Lengemann.

Franz Kafka: In der Strafkolonie. Mit Illustrationen von Karl-Georg Hirsch. IB Nr. 1200.

Ingeborg Bachmann: Die Geheimnisse der Prinzessin von Kagran. Eine Legende. Mit Bildern von Arik Brauer. IB Nr. 1201.

Christian Morgenstern: Sphinx-Geburten. Gedichte. Mit einem Klebebild des Autors. Ausgewählt von Vera Hauschild. IB Nr. 1202.

Von A bis Zweitausend. Graphische Neujahrsgrüße. Mit 25 Holzstichen. Hg. von Herbert Kästner. IB Nr. 1203.

Richard Strauss: Ausgewählte Briefe. Hg. von Rüdiger Görner. IB Nr. 1204.

100 Jahre Insel Verlag. Jubiläums-Kassette Insel-Bücherei. Mit zwanzig ausgewählt schönen Bänden aus 87 Jahren Insel-Bücherei und einer Bibliographie der Jahre 1912-1999.

Mitteilungen für Freunde der IB. Heft 20. Hg. von Jochen Lengemann.